크리스천의 性 TALK

크리스천의 性 TALK

지은이 | 박수웅
초판 발행 | 2017. 6. 12
2판 1쇄 | 2023. 5. 30
등록번호 | 제1988-000080호
등록된 곳 | 서울특별시 용산구 서빙고로65길 38 두란노빌딩
발행처 | 사단법인 두란노서원
영업부 | 2078-3352 FAX 080-749-3705
출판부 | 2078-3331

책 값은 뒤표지에 있습니다.
ISBN 978-89-531-4496-5 03230

독자의 의견을 기다립니다.
tpress@duranno.com   http://www.Duranno.com

ⓒ 이 출판물은 저작권법에 의해 보호를 받는 저작물이므로 무단 전재와 무단 복제,
무단 사용을 할 수 없습니다. 이를 어길 시 법적 조치를 할 수 있음을 알려드립니다.

두란노서원은 바울 사도가 3차 전도여행 때 에베소에서 성령 받은 제자들을 따로 세워 하나님의 말씀으로 양육하던 장소입니다. 사도행전 19장 8-20절의 정신에 따라 첫째 목회자를 돕는 사역과 평신도를 훈련시키는 사역, 둘째 세계선교(TIM)와 문서선교(단행본·잡지) 사역, 셋째 예수문화 및 경배와 찬양 사역, 그리고 가정·상담 사역 등을 감당하고 있습니다. 1980년 12월 22일에 창립된 두란노서원은 주님 오실 때까지 이 사역들을 계속할 것입니다.

크리스천의 性 TALK

박수웅 지음

두란노

목차

추천사 6
프롤로그 18

part 1
성관계는 죄인가요?

Chapter 1
왜 성,
섹스가 부끄럽습니까?
28

Chapter 2
성은 하나님이 주신
선물입니다
52

part 2
성, 얼마나 알고 있습니까?

Chapter 3
문제는 속궁합이
아닙니다
74

Chapter 4
알아야
즐겁습니다
94

Chapter 5
청소년, 이 정도는
알아야 할 나이입니다
102

Chapter 6
독신 남녀들이여,
성 충동을
다스리십시오 124

Chapter 7
노년,
꼭 성관계가
아니어도 괜찮습니다 130

part 3
왜곡되고 병든 성이 보입니까?

Chapter 8
쾌락보다 인격이
중요합니다
136

Chapter 9
사랑은 감정보다
의지입니다
148

part 4
지난밤 즐거웠습니까?

Chapter 10
사랑도 기술이
필요합니다
160

Chapter 11
배워야
즐겁습니다
180

Chapter 12
모든 것이
완벽하지는 않습니다
192

성, 그것이 알고싶다 :: **남자 여자 상담소**　202
에필로그　230
참고문헌　236

추천사

《크리스천의 性 Talk》는 친밀한 결혼생활을 위한 필독서입니다. 저자는 수많은 청년과 부부에게 크리스천의 성에 대해 강의해 왔습니다. 저자는 의사로서 또한 평신도 사역자로서 청년들을 그리스도의 제자로 세우는 일과 그들이 행복한 가정을 세울 수 있도록 돕는 일에 헌신해 왔습니다. 이 책은 그동안 저자의 성심어린 사역의 열매입니다.

많은 청년이 결혼식은 애써 준비하지만 행복한 결혼을 준비하는 데는 소홀합니다. 결혼이 소중하다고 말하면서도 행복한 결혼생활에 대한 지식과 정보와 기술을 익히는 일에는 나태합니다. 특별히 결혼생활에 아주 중요한 역할을 하는 성적 필요를 채워 주는 일에 무지합니다. 팀 켈러는 "섹스는 결혼의 울타리 안에서 남성과 여성 사이에 사용하도록 하나님이 주신 선물이다"라고 말합니다.

이 책은 성경에 기초한 그리스도인의 성에 대해 잘 소개하고 있습니다. 청년들이나 결혼한 부부들이 마음에 품고 있으면서도, 수줍은 까닭에 묻지 못하는 성적인 질문에 대해 적합한 대답을 제공해 줍니다. 결혼을 앞두고 있는 청년들과 결혼한 부부 가운데 성생활에 대한 고민을 갖고 있는 분들에게 이 책을 추천합니다.

강준민 L.A. 새생명비전교회 담임목사

성 윤리가 무너지면서 성범죄 또한 난무하는 시대입니다. 이러한 때에 하나님이 축복으로 주신 성에 대하여 성경적으로 접근하여 크리스천으로서 지켜야 할 것, 그리고 누려야 할 것을 바로잡아 주는 좋은 책이 출간된 것을 기쁘게 생각합니다.

의사 출신의 가정사역자인 박수웅 장로님은《크리스천

의 性 Talk》에서 크리스천들이 실생활에서 부딪히고 고민하지만, 정작 교회 안에서는 거론하기 힘들었던 성에 대해 성경적 관점과 의학적 관점에서 솔직하게 풀어냅니다. 수십 년간 수많은 나라에서 강연하며 만났던 크리스천들의 상담 사례를 통해 구체적인 방법을 제시하고 있어서 이 시대의 청년들과 부부, 청소년 자녀를 양육하는 부모뿐만 아니라 성 문제로 고민하는 교인들을 상담해야 할 목회자들에게도 실질적인 도움을 주리라 기대하며 이 책을 추천합니다.

김병삼 **만나교회 담임목사**

꽤 오래전 한국 부부의 성생활 만족도가 10퍼센트 미만으로 세계 최하위라는 기사를 읽은 기억이 납니다. 성의 홍수 시대, 성적 타락이 쓰나미처럼 사회를 어지럽게 만드는 오늘날 우리 사회와 비교하면 참 이해할 수 없는 통계라는 생각을 했습니다. 그러나 아버지학교, 부부학교를 진행하면서 그것이 한국 부부들의 현실이라는 것을 알게 되었습니다.

물론 성이 부부생활의 전부는 아닙니다. 그러나 성은 결혼생활에서 매우 강력한 힘과 영향력을 가지고 있습니다. 실제로 불행한 결혼생활의 90퍼센트가 성 문제 때문이라고 주장하는 심리학자들도 있습니다. 결혼생활이 어려워지는 것이 성격 차이가 아니라 성 차이 때문이라는 점을 감안한다면 일리가 있는 말입니다. 문제는 배우지 않는다는 것입니다. 아니 정식으로 배우지 않고 어깨너머로 또는 잘못된 통로를 통해서 배운다는 데 있습니다. 행복한 결혼생활과 성은 정식으로 배워야 합니다.

박수웅 장로님은 제가 존경하는 가정사역자 중 한 분으로, 특히 성 문제에서 탁월한 전문가이십니다. 진솔하면서도 재미있고 아주 쉽게 문제의 핵심에 접근하고 해결책을 제시하는 분입니다. 저자는 이 책에서 누구나 나름대로 이야기할 수는 있지만, 쉽게 다룰 수 없는 '성'이라는 주제를, 성경적인 바탕과 오랜 강의와 상담 경험을 토대로 아주 간결하고 흥미롭게 다루고 있습니다. 모든 연령층의 성의 실제와 성교육에 대한 지식과 정보를 담고 있는 이 책을 모든 성도에게 적극 추천하고 싶습니다.

김성묵 **두란노아버지학교운동본부 이사장/장로**

하나님은 생육하고 번성하기 위한 도구인 성을 우리에게 축복의 선물로 주시면서 즐거움과 쾌락까지 주셨다. 이러한 성은 올바로 쓰이면 축복이 되지만 잘못 쓰이면 재앙이 된다. 실제로 성적 부조화와 성 문제가 가정을 무너뜨리는 중요한 요인이 되고 있다.

우리 삶에서 성을 올바로 적용하기 위해서는 성을 이해하고 그 설계도와 작동 원리뿐만 아니라 남녀의 성 차이도 바로 알아야 한다. 건전한 성교육이 절실히 요구되는 때에 성 강의로 큰 인기를 누리고 있는 박수웅 장로의 《크리스천의 性 Talk》가 출간된 것은 한국 교계에 큰 축복이라고 생각한다.

의사이면서 가정사역과 성 강의의 최정상급 강사인 저자의 이론적 배경과 실전의 연륜에서 녹아 나오는 내용들이 건전한 성문화와 건강한 가정을 세우는 일에 크게 기여하겠기에 이 책을 강력하게 추천한다.

두상달 **한국기독실업인회(CBMC) 중앙회장**

박수웅 장로님의 《크리스천의 性 Talk》는 세 가지 점에서 추천할 만하다. 첫째, 목회적 심정이 돋보이는 책이다. 저자는 젊은이들이 성과 관련해 깊은 고뇌와 혼란을 겪는 것을 보면서 견디지 못하는 심정으로 책을 썼다.

둘째, 한국의 실정을 감안한 책이다. 대부분의 성 관련 경건 서적은 외국 책의 번역이라서 내용이 좋아도 우리의 처지와 엇갈리는 느낌이 있었다. 이 책은 그런 점에서 독특하다.

셋째, 솔직하고 실제적인 책이다. 성의 이슈는 체면과 이론만으로는 쓰인 목적을 달성할 수가 없다. 저자는 에두르지 않고 실제로 '먹혀 들어가는' 내용을 이 책에 담았다. 이 책을 통해 많은 젊은이의 고뇌와 혼란이 현저히 경감되기를 바란다.

송인규 합동신학대학원대학교 조직신학 교수/목사

이전과 달리 오늘날 목회 현장에서 가장 심각하게 제기되는 주제가 '성' 입니다. 성은 부부 상담을 하거나 가정 세미나를 인도할 때마다 반드시 다루어야 할 문제가 되었습니다. 결혼하지 않은 청년들에게도 성 문제는 예전에는 상상도 못할 정도로 심각합니다. 노인들의 성 문제도 예외는 아닙니다. 게다가 이 성 문제는 비단 교인들만의 문제가 아니라 목회자 자신의 문제이기도 합니다.

문제는 목회자가 설교나 강의 중에 성에 대하여 다루기가 힘들다는 것입니다. 아직까지 한국 교회의 정서는 목회자가 강단에서 성 문제를 노골적으로 다루는 것은 금기 사항입니다. 저도 가정과 부부생활, 청년들에 대한 여러 주제를 다루어 보았지만 성에 대한 주제로 강의해 본 적이 별로 없습니다. 강의를 하다 보면 너무 진부해지거나, 잘못하면 민망해지기 쉽습니다. 특히 예화로 들 수 있는 풍부한 사례, 경험이나 전문적 지식의 결여가 늘 아쉽습니다. 그렇다고 모든 목회자가 성 전문가가 되기 위한 과정을 밟을 수도 없습니다.

그동안 목회자로서 제가 가지고 있는 이런 어려움에 있어서 박수웅 장로님의 도움을 크게 받았습니다. 그는 의사 출신으로서 전문 지식을 섭렵하고 있어 교인들의 신뢰를 얻습니다. 그리고 코스타와 자마 등 여러 청년 집회에서 진행했던 많은 상담 사례를 통하여 정확한 진단과 해결책을 제시해 줍니다.

이 책에서는 단순히 성 문제만 다루지 않고 철저히 성

경에 근거하여 영과 마음의 영역까지 이야기 합니다. 그러면서도 진부하지 않고 흥미진진합니다. 지나칠 정도로 솔직한 내용으로 독자의 깊은 공감을 이끌어 냅니다. 무엇보다 장로님 내외의 건강한 동역이 이 책을 더 신뢰할 수 있게 합니다.

자주 장로님을 모시고 말씀을 듣기가 여의치 않아 아쉬웠는데 이번에 그 귀한 강의 내용을 책으로 접할 수 있게 되어 너무나 기쁩니다. 성 문제로 고민하는 크리스천 청년들과 부부들에게는 필독서가 될 것입니다. 그리고 목회자들도 꼭 읽어 보기를 권합니다. 목회 현장에서 성에 대한 문제를 다루는 좋은 지침서가 될 것입니다.

유기성 **선한목자교회 담임목사**

박수웅 장로님은 의사이면서 동시에 복음 전도자요 가정사역자입니다. 오늘날 성은 크리스천들에게 뜨거운 감자입니다. 피할 수도 외면할 수도 없는 삶의 중심에 자리 잡은 이슈입니다. 박 장로님은 오랫동안 코스타의 젊은이들에게 이 문제를 상담해 주었습니다. 그 결과 많은 성도가 성의 밝은 빛을 보았다고 간증했습니다.

이러한 오랜 경험을 책으로 엮어 《크리스천의 性 Talk》가 출간된 것을 기쁘게 생각합니다. 이 책을 성을 고민하는 모든 그리스도인에게, 그리고 이 문제를 상담해야 하는 모든 사역자의 필수도서로 강력하게 추천합니다.

이동원 **지구촌교회 원로목사/코스타 국제 이사장**

나는 정신분석가로서 성적 욕구 때문에 괴로워하는 많은 사람을 만났다. 성매매, 불륜, 성 중독, 포르노, 동성애 등…. 그리고 그들 중에는 죄책감으로 자살을 생각하는 이들도 있었다.

그러나 이 성적 욕구를 끊을 수는 없었다. 첫 인간이었던 아담과 하와가 금지된 과일을 미화하고 더 먹고 싶어 했던 것처럼, 우리 인간도 성욕으로 죄책감을 느끼면서도 끊어 내지도, 포기하지도 못하는 본성이 있는 것이다. 이처럼 성욕은 가장 강력한 인간의 욕구 중 하나다. 그럼에도 터놓고 말할 수 없는 부끄러운 욕구이고 금지된 것이다.

이 책 《크리스천의 性 Talk》의 저자 박수웅 장로님은 의

사이자 가정사역자로서 비밀스러움으로 꽁꽁 싸여 있는 성의 베일을 벗겨 화장기 없는 '성의 민낯'을 보여주었다. 성적 갈등을 안고 남몰래 고민하는 분들에게 이 책을 권하고 싶다.

이무석 **정신분석가/전남대학교 의과대학 명예교수**

성에 대한 내용은 일반 사람들뿐 아니라 우리 크리스천에게도 너무나 중요한 이슈입니다. 성은 단순히 육체적인 관계를 넘어 그리스도와의 사랑까지도 내다볼 수 있다는 사실을 결혼한 후에야 깨달았습니다. 그런 의미에서 성은 하나님이 만드신 놀랍고 신비한 작품입니다.

하지만 이원론적인 세계관이 빚어 낸 결과로 그동안 교회는 건강한 성에 대해 배울 기회가 너무 적었습니다. 이 분야에 누구보다 탁월한 전문가인 박수웅 장로님은 성에 대한 성경적 조망과 함께 실제로 필요하거나 궁금해 할 내용을 이 책에서 구체적으로 설명합니다.

섹스는 '홀리 앤 뷰티풀'(Holy and Beautiful)이라고 저자는 말합니다. 주님께 속하지 않은 것은 아무것도 없다고 믿

기에 크리스천의 거룩하고 아름다운 성을 말하는 이 책을
적극 권합니다.

이요셉 사진작가/《결혼을 배우다》 저자

그리스도인은 이 땅에서 하나님의 선하시고 기뻐하시며 온전하신 뜻을 이루는 인생으로 부르심을 받았습니다. 그래서 우리 인생은 마땅히 하나님의 뜻대로 이루어져야 합니다. 그 마땅히 이룰 것 중 하나가 성생활입니다. 이것은 삶을 위해 음식을 먹는 것처럼 중요합니다. 그러나 어떻게 성을 하나님께서 주신 본래 목적대로 아름답게 지켜 갈 것인가는 왜곡된 성문화가 만연한 이 시대를 살아가는 그리스도인에게 주어진 커다란 숙제입니다.

박수웅 장로님은 그 비밀을 하나님의 말씀으로 정리하여 세계에 흩어진 수많은 젊은 청년에게 지금까지 가르쳐 왔습니다. 그리고 그것은 이 땅을 살아가는 모든 그리스도인에게 꼭 필요한 가르침입니다. 하나님께서 주신 삶의 원리들, 특별히 성생활의 지혜를 더 많은 사람에게 알리기 위해 《크리스천의 性 Talk》를 출간하게 된 것을 축하합니다.

이 책은 우리 모두에게 큰 기쁨이라 생각합니다.

"주의 말씀은 내 발에 등이요 내 길에 빛이니이다"(시 119:105)라고 한 시편 기자의 고백처럼 우리의 성생활에도 하나님의 밝은 빛이 비추이기를 바랍니다. 이 책이 그 빛을 발견하는 길잡이가 되기를 기대합니다. 또한 우리 세대뿐 아니라 다음 세대에까지 귀한 성생활의 지침이 되기를 바랍니다.

홍정길 남서울은혜교회 원로목사

프롤로그

성性 충만입니까, 성령 충만입니까?

> 주의 말씀은 내 발에 등이요 내 길에 빛이니이다 시 119:105

나는 지난 34년간 말씀 묵상(QT)을 통해 하나님의 뜻대로 사는 훈련을 해 왔습니다. 예수님을 인격적으로 만난 후부터 지금까지 하나님은 말씀으로 나의 혼과 영과 잠재의식의 세계까지 치유하셨습니다(히 4:12). 말씀은 내가 가야 할 길을 비추었고, 잘못된 길에서 돌이킬 수 있도록 해 주는 빛이었습니다.

그러나 말씀 중심으로 살려고 노력할수록 죄는 집요하게 나를 잡아 넘어뜨립니다. 바울도 속사람은 하나님의 법을 즐거워하지만 죄의 법이 자기를 사로잡는다며 한탄하지 않았습니까(롬 7:21-25). 바울의 고민을 나도 많이 합니다. 말씀을 통해 마음에 있던 상처와 죄들이 많이 치유되었지만, 죄는 늘 나를 집어삼키려고 주위를 뱅뱅 돌며

틈이 날 때마다 공격합니다. 특히 성 문제에선 누구도 자신할 수 없습니다. 우리는 말씀으로 무장하지 않으면 언제든지 넘어질 수 있는 나약한 존재입니다.

성경은 성의 아름다움을 분명히 말합니다

내가 오랜 말씀 묵상을 통해 깨닫게 된 것은, 성경은 창세기부터 요한계시록까지 성에 대한 기록이 많다는 것입니다.

하나님은 에덴동산에서 남자와 여자를 창조하시고 생육하고 번성하라 하셨습니다(창 1:28). 이 말이 무엇입니까? 바로 성관계를 통한 자녀의 출산입니다. 처음 명령이 성관계인 것입니다. 그리고 남자가 부모를 떠나 아내와 합하여 한 몸을 이루라고 하셨습니다. 두 사람이 벌거벗었으나 부끄러워하지 않았습니다(창 2:24-25). 이 말씀 역시 아름다운 성관계를 이야기하고 있습니다. 그뿐만이 아닙니다. 출애굽하여 광야생활을 하던 이스라엘에게도 하나님은 놀라운 명령을 하십니다.

> 사람이 새로이 아내를 맞이하였으면 그를 군대로 내보내지 말 것이요 아무 직무도 그에게 맡기지 말 것이며 그는 일 년 동안 한가하게 집에 있으면서 그가 맞이한 아내를 즐겁게 할지니라 신 24:5

이 말씀에서도 신혼부부의 성생활을 내포하고 있습니다. 잠언에서도 "네 샘으로 복되게 하라 네가 젊어서 취한 아내를 즐거워하라… 너는 그 품을 항상 족하게 여기며 그 사랑을 항상 연모하라"(잠 5:18-19)고 하셨습니다. 그 밖에도 아가서는 성생활의 절정을 그리고 있으며, 신약의 예수님도 성에 대해 높은 기준을 가지셨고 바울도 성에 대해 언급했습니다.

이렇듯 말씀을 묵상하다 보면 하나님께서 성을 축복하고 계심을 느낍니다. 성경에는 성에 대한 감사, 은혜, 기쁨, 환희 등이 분명하게 나타나 있습니다. 그런데 왜 우리는 성 이야기만 나오면 부끄러워하고 죄처럼 여기며 하찮게 대할까요?

올바른 성을 가르치지 않는 게 죄입니다

우리나라의 5천 년 역사 속에서 성은 부정적으로 취급되어 왔습니다. 특히 유교 문화는 여성의 성을 완전히 억누르고 억압했습니다. 남자는 첩도 얻고 마음대로 살아도 아무런 제재를 하지 않으면서 여자는 온갖 핍박과 고통을 주었습니다. 심지어 아들을 못 낳아도 여자 책임으로 돌렸습니다.

교회 역시 성을 가르치지 않고 음지에 두었습니다. 결혼한 부부가 성생활을 하는 것이 너무나 당연한데도 전혀 그런 생활을 하지 않는 것처럼 감추고 살았습니다. 이것이 굉장히 위선적인 행동입니다.

이제는 갇힌 성, 묶인 성, 고립된 성을 끄집어내어 아름다운 성으로 발전시키는 것이 우리 크리스천의 임무라 생각합니다.

이 시대는 성이 충만합니다. TV, 영화, 잡지, 스마트폰, 인터넷 등 모든 매체가 성으로 도배를 한 것 같습니다. 예수님은 뱀처럼 지혜롭고 비둘기처럼 순결하라고 하셨는데, 지식도 없이 무방비 상태로 세상에 나갔다가는 사탄의 밥이 되기 십상입니다. 사탄은 성을 무기로 삼아 크리스천들을 무너뜨리고 있는데 한국 교회는 여전히 성을 부끄럽게 여기며 침묵하고 있습니다. 이는 직무유기입니다.

에스겔에는 파수꾼의 임무를 엄중히 말씀하시는 장면이 나옵니다.

> 인자야 너는 네 민족에게 말하여 이르라 가령 내가 칼을 한 땅에 임하게 한다 하자 그 땅 백성이 자기들 가운데

의 하나를 택하여 파수꾼을 삼은 그 사람이 그 땅에 칼이 임함을 보고 나팔을 불어 백성에게 경고하되 그들이 나팔 소리를 듣고도 정신차리지 아니하므로 그 임하는 칼에 제거함을 당하면 그 피가 자기의 머리로 돌아갈 것이라 그가 경고를 받았던들 자기 생명을 보전하였을 것이나 나팔 소리를 듣고도 경고를 받지 아니하였으니 그 피가 자기에게로 돌아가리라 그러나 칼이 임함을 파수꾼이 보고도 나팔을 불지 아니하여 백성에게 경고하지 아니하므로 그중의 한 사람이 그 임하는 칼에 제거 당하면 그는 자기 죄악으로 말미암아 제거되려니와 그 죄는 내가 파수꾼의 손에서 찾으리라 겔 33:2-6

교회가 마땅히 목소리를 내야 할 때 입을 다물고 있다면 하나님께 죄를 짓는 것입니다. 다시 정신을 차리고 영적으로 무장해야 합니다. '지필지기백전불태'입니다. 올바른 성을 가르치는 게 우리의 사명입니다.

나는 그 사명을 위해 이 책을 집필했습니다. 하나님은 말씀을 통해 내게 성에 대한 책을 쓰라는 강력한 마음을 주셨습니다. 왜곡되고 잘못된 생각에서 벗어나 성을 성경적으로 바라보아야 합니다. 갇힌 자, 묶인 자, 포로된 자, 병든 자를 꺼내 하나님의 밝은 빛에 들어가게 해야 합니다(사 61:1).

아름다운 성을 누리십시오

나는 세미나와 집회를 많이 다니는데, 신앙이 좋다는 크리스천과 목회자들이 성 문제에 쉽게 넘어지는 걸 숱하게 보아 왔습니다. 신앙이 좋다고 성 문제를 너끈히 이길 수 있는 게 아닙니다. 다윗은 하나님을 경외하며 그분과 동행했지만 밧세바가 목욕하는 장면을 보고 넘어졌습니다(삼하 11:2-4). 그렇게 신실한 다윗도 성적인 문제 앞에서는 금방 넘어지지 않았습니까? 그렇기에 우리는 유혹을 이길 수 있는 지식을 쌓아야 합니다. 영적으로 무장해야 합니다.

특히 다음 세대를 아름다운 세대로 준비해야 합니다. 많은 청년, 청소년이 성에 빠져 있습니다. 죄의식 없이 혼전 성관계를 갖는 이들이 얼마나 많은지 모릅니다. 또 성에 대해 잘못 알고 있어 죄책감에 빠진 이들도 많습니다.

이 책을 통해 올바른 성을 배우십시오. 자유함을 누리십시오. 부부 사이에서 아름다운 성을 누리십시오.

지금까지 돕는 배필로 나를 성장시키고 나와 함께해 준 사랑하는 아내에게 감사를 전합니다. 책이 출간되기까지 수고해 준 두란노 편집팀, 함께 사역하는 모든 동역자들에게도 감사의 인사를 드립니다.

2017년 6월
박수웅

part 1

성관계는 죄인가요?

chapter 1

왜 성,
섹스가 부끄럽습니까?

'성', '섹스'라는 말을 들으면 무슨 생각이 듭니까? 많은 사람이 '부끄럽다', '사람 많은 데서 어떻게 저런 말을 하지?', '쉿! 조용' 이런 반응을 보입니다. 심지어 성을 죄악시하는 사람들도 있습니다.

그러나 '성', '섹스'라는 말에 정색하고 질겁하는 사람도 정작 자신 안에 요동치는 성욕 때문에 괴로움을 느끼고 있을지도 모릅니다. 또 성에 대해 쿨하고 개방적인 사람이라도 내면에는 성적 수치심이 가득할지도 모릅니다.

크리스천의 경우는 어떻습니까? '거룩'을 핑계로 성을 알기 꺼리고 멀리하지는 않습니까? 성을 육체의 욕망으로만 생각하지는 않습니까? 아닌 척하며 마음으로 숱한 간음죄를 저지르며 살진 않습니까? 우리의 폐쇄적인 문화 때문에 성을 부끄럽다고 생각하기에 배우려 하지 않거나, 세상 사람과 똑같은 인식을 하고 있지는 않습니까? 자위행위, 페팅, 조기 사정, 구강성교 등에 대해 고민하고 있으면서도 전혀 그런 일이 없는 척하며 살진 않습니까? 성과 신앙은 전혀 어울리지 않는 이상한 조합처럼 느껴집니까? 예수님은 이 땅에서 성과 무관하게 금욕적으로 사셨으며, 신실한 크리스천들도 성에 전혀 관심이 없이 오직 주만 바라본 것 같으니 우리도 그렇게 살아야 하지 않겠느냐고 생각합니까?

"여러분, 지난밤에 즐거우셨습니까?"

혹 이런 질문을 하는 목회자를 본 적 있습니까? 만약 그랬다가는 난리가 날 것입니다. 교회는 복음을 가르치는 곳이고 예배드리는 곳이기에 예배 시간에 성을 가르친다는 건 생각도 못하기 때문입니다. 게다가 크리스천들은 성을 죄악시하는 분위기가 있다 보니 건강한 성에 대해 배울 기회가 적습니다. 특히 신학생이나 목회자는 세상

문화와 동떨어져 있어서 성에 대해 더 무지합니다.

그러나 교회를 조금만 벗어나면 우리는 왜곡된 성 문화를 너무 쉽게 접하게 됩니다. 청소년들은 인터넷을 통해 쉽게 야동을 보는가 하면, 오로지 성관계만을 위해 모르는 이성을 만나기도 합니다. 중년 남성들의 모임에 가면 20대 여자와 외도한 것을 무용담처럼 떠벌리는 사람들이 많습니다. 성적 수치심을 느끼기는커녕 자랑이라도 되는 듯 떠벌리는 현대 사회에 분노와 슬픔을 금할 길이 없습니다.

성은 성기를 초월하는 신비입니다. 하나님 앞에 평생을 약속한 한 사람, 나의 배우자를 향한 깊은 사귐이며, 이때에 경험하는 순수한 육체적 쾌락은 하나님의 크신 은혜요 선물입니다. 그러나 이 성을 잘못 사용할 경우 악마가 될 수 있습니다.

그렇기에 우리는 성경적인 성을 배워야 합니다. 교회는 예배 공동체이자 복음적이고 아름다운 삶을 가르쳐야 하듯이 마찬가지로 성을 가르치고 배우는 장소여야 합니다. 특히 청년들은 더 잘 알아야 합니다. 그래야 유혹 앞에서 지혜롭게 대처할 수 있습니다. 성경은 "뱀처럼 지혜롭고 비둘기처럼 순결하라"고 말합니다. 비둘기처럼 순결하기만 해서는 이리 떼에게 다 잡아먹히고 맙니다. 뱀처럼 지혜로워야 합니다. "힘써 여호와를 알라"는 말씀처럼 힘써 하나님이 성에 대해, 연합에 대해 무엇을 말씀하셨는지 알아야 합니다.

성은 거룩하고 아름답습니다

성기, 성욕, 성감대, 성호르몬… 누가 만들었습니까? 바로 하나님이십니다. 성경을 만드신 하나님이 인간의 성기도 만드셨습니다. 이것을 인정하는 것이 굉장히 중요합니다. 하나님이 성기를 만들면서 고개를 돌려 외면하고 창피해하셨을까요?

"참 아름다워라. 주님의 세계는… 성기만 빼놓고…."

정말 그렇습니까?

> 하나님께서 지으신 모든 것이 선하매 감사함으로 받으면 버릴 것이 없나니 딤전 4:4

하나님이 만든 모든 만물이 다 거룩하고 아름답다는 걸 꼭 기억하십시오. 하나님이 만드신 모든 것이 선합니다. 성은 하나님이 주신 선물입니다. 이것을 감사히 받고 누리면 되는데 성을 '더럽다', '죄다' 하며 내버린다면 선물을 주신 하나님을 모독하는 것입니다.

내가 세미나에서 성을 거룩하다고 말하면 사람들이 웃어 버립니다. 성에 관한 한 이단적인 생각을 갖고 있는 사람이 얼마나 많은지 모릅니다. 더럽다고 생각하니 자기도 모르게 성을 만드신 하나님을 전면으로 대항하는 겁니다.

우리는 마음껏 성을 누려야 합니다. 그러나 하나님이 허락하신 범위 내에서만 그렇게 해야 합니다. 하나님이 허락하신 섹스는 얼마나 아름다운 것인지 모릅니다. 그런데 많은 사람이 성을 부끄러워합니다. 죄된 인간이 사탄의 계략에 속아 성을 변질시켜 부끄럽고 죄된 것으로 바꾸어 버렸기 때문입니다.

어떤 사람들은 성관계는 오로지 잉태를 위해서만 이루어져야 한다고 말합니다. 그러나 만일 하나님이 아이를 낳기 위한 목적으로만 성을 창조하셨다면, 성에 대한 욕망과 강렬한 기쁨은 필요치 않았을 것입니다. 성욕이 단순하고 무미건조하며 지루해져 버렸을 것입니다. 그러나 성이 얼마나 다이내믹하고 황홀합니까? 성은 하나님이 만드신 걸작품 중에 걸작품입니다.

성적 만족감을 위해서는
인격적 관계가 필요합니다

인간은 하나님의 형상을 닮은 존재입니다. 하나님은 우리가 다른 사람들과 인격적인 교제를 하여 진정으로 하나님의 형상을 닮은 존재로 다듬어져 가길 원하십니다.

친밀감을 형성케 하는 많은 요소들 중에서도 성은 최고봉입니다. 누구도 범접할 수 없는 친밀한 관계 속에서 인격적인 교제를 나누고 진정한 인간성을 가진 존재로 다듬어져 가는 것이 성경적인 성입니다. 그렇기에 성은 매우 인격적입니다. 이 사실을 놓치면 왜곡된 방향으로 나아가게 됩니다.

이러한 성의 교제를 위해 우리가 꼭 기억해야 할 것이 있습니다. 성관계는 반드시 결혼 관계 안에서 이뤄져야 한다는 것입니다. 성관계의 진정한 목적은 자신을 배우자에게 아낌없이 내어주며 서로를 진심으로 나누는 것입니다. 이것이 둘이 하나가 되는 놀라운 축복입니다(창 2:24).

돈을 주고 성관계를 할 때 친밀감이 형성됩니까? 매춘부가 남자에게 자기를 사랑하는 여성으로 대해 달라고 요구하거나, 그의 사생활에 간섭한다면 남자는 화를 낼 것입니다. 성매매는 장사꾼처럼 성을 취급하는 것입니다. 여기에는 인격이 들어서지 못합니다. 남자는 성교가 끝나면 돈을 주고 바로 그녀를 떠날 것입니다. 이렇게 성으로 거래하고 장사하는 것은 하나님을 모독하는 일입니다. 인격을 나누지 않는 관계는 사람을 인간 이하로 떨어뜨립니다.

세상은 오르가슴과 좀 더 황홀한 섹스를 추구하도록 사람들을 부추기고 모든 관심을 성행위 방법에 집중시킵니다. 그러나 성은 행위 자체보다 훨씬 더 많은 의미가 있습니다. 사람은 강렬하고 감각적인 성교만으로 살지 못합니다.

성관계는 육체의 행위보다 훨씬 더 많은 부분을 포함합니다. 좀 서툴고 어설프더라도 헌신된 사랑의 관계 안에서 자유로운 성으로 가는 길을 찾아간다면 테크닉이 아무리 뛰어난 사람도 결코 알 수 없는 성적인 성취를 이루어 갈 것입니다. 성적 만족감은 인격적 관계가 뒷받침 되어야 얻을 수 있습니다.

숨기면 왜곡될 뿐입니다

그러나 세상은 빠른 속도로 변해 가고 있습니다. 인격적 관계 없이도 성적 만족감을 얻을 수 있다고 속삭입니다. 포스트모더니즘은 쾌락과 감성 중심의 상대적이고 인본주의적인 사고를 확장시켰고, 그 결과 성적인 방종과 죄악으로 물든 사상이 이 땅을 뒤덮어 버렸습니다.

성은 도처에서 난무하고 있습니다. 오른쪽으로 고개를 돌려도 성, 왼쪽으로 고개를 돌려도 성입니다. 인터넷, TV, 영화, 신문, 잡지, 스마트폰 등 모든 매체가 이를 부채질하며 곳곳에서 우리를 유혹하고 있습니다. 도처에 마사지방, 룸살롱, 모텔 등이 들어서고 아이들마저 스마트폰을 통해 야동, 음란 사이트에 쉽게 접근할 수 있습니다. 그야말로 성 충만한 세상이 되었습니다.

2013년 한국교회탐구센터가 글로벌리서치에 의뢰해 미혼인 크리스천 청년 1000명을 대상으로 '성 인식' 설문조사를 한 적이 있습니다. 그 결과, 남자의 59퍼센트, 여자의 44퍼센트가 성 경험이 있는 것으로 조사됐습니다. 성관계 지속 비율도 주 2~3회 5.4퍼센트, 주 1회 16.1퍼센트, 월 2~3회 22.4퍼센트로 조사됐고, 지금까지 성관계를 가진 대상자 숫자도 남성은 평균 6명, 여성은 3.2명이나 되는 것으로 나타났습니다. 또 결혼을 전제로 한 경우에는 57.4퍼센트가 성관계가 가능하다고 생각하는 것으로 나타났습니다.

나는 이 기사를 보고 굉장히 놀랐습니다. 사회가 아무리 개방적이어도 교회 다니는 청년은 성에 대해 보수적일 거라는 나의 생각을 완전히 깨는 결과였습니다. 성경은 분명히 결혼 관계 안에서 성을 누리라고 말하고 있지만 현실은 말씀과 너무나 멀었습니다. 이것이 한국 교회의 현실입니다.

또 크리스천 청년의 성 의식도 많이 달라졌음을 알 수 있습니다. 앞선 설문조사는 혼전순결에 대한 항목도 있었는데, 이를 지켜야 한다고 응답한 사람이 38.7퍼센트, 지킬 필요 없다고 응답한 사람이 61.3퍼센트로 나타났습니다. 사랑한다면 혼전 성관계가 가능하다고 응답한 사람도 64.2퍼센트였습니다. 크리스천 청년들의 성 의식이 매우 개방적이었습니다. 그러면 왜 성관계를 하느냐는 질문에는 49.9퍼센트의 응답자가 '사랑을 확인하거나 확신을 주기 위해서'라고 대답했습니다. 여성의 경우는 '상대방이 원해서'라는 대답이 22.8퍼센트였습니다.

교회는 청년들에게 사랑을 확인하기 위한 방법으로 성관계가 아닌 건전하고 행복한 여러 방법이 있음을 제시할 필요가 있습니다. 교회에서는 성경적인 이성 교제 방법, 건전한 사랑 표현 방법들을 연구해서 알려 주어야 합니다.

그렇다면 크리스천 청년들은 성에 대해 어떤 고민을 하고 있을까요? 성에 대한 지나친 관심이 35.3퍼센트, 성적

호기심에 대한 죄책감이 27.5퍼센트, 자위행위 24.1퍼센트, 순결 문제 23.7퍼센트 등으로 조사되었습니다. 신앙이 좋은 청년들조차 주 1회 이상 규칙적인 성관계를 갖고 있는 비율이 17.5퍼센트에 이르렀습니다. 이처럼 많은 크리스천 청년, 신앙이 좋은 청년조차 결혼 관계 밖에서의 성관계에 대해 심리적인 저항감이 크지 않다는 것을 알 수 있습니다.

물론 개인의 신앙 정도나 큐티 빈도와 성 경험 횟수가 전체적으로 반비례하고 있기는 합니다. 따라서 교회는 기독교적인 성 윤리 의식을 고양할 수 있는 프로그램을 개발할 필요가 있습니다. 더 이상 성 문제를 감추고 덮어 놓는다고 해결될 수 있는 일이 아닙니다. 이미 우리는 감춘다고 모르지 않고 숨긴다고 안 하지 않습니다. 감추고 숨길수록 원래의 빛을 잃고 왜곡될 뿐입니다. 성경적인 성, 하나님이 허락하신 아름다운 성을 꺼내 보여 주고 터놓고 이야기할 필요가 있습니다. 교회에서 성경적인 성교육을 해야 할 필요가 있습니다.

사탄의 강력한 무기 '성' 앞에
목회자도 넘어집니다

나는 전 세계를 다니며 강의도 하고 많은 분을 만나 상담도 하고 있습니다. 40년 이상을 강의하다 보니 시대가 많이 변하고 있음을 실감합니다. 나는 크리스천 청년들의 의식조사도 놀라웠지만 외도를 하거나 물의를 일으키는 목회자들 이야기를 듣고는 경악을 금치 못했습니다. 이들의 성적 타락 소식이 뉴스를 통해 전해져 하나님이 수치를 당하고 계십니다.

나는 상담을 하면서 목회자 부부가 평신도보다 성적으로 더 어려움을 겪고 있는 것도 보았습니다. 평신도들은 고민을 이야기하거나 상담할 곳이 있지만 목회자는 마땅히 상담 받을 만한 곳이 없기 때문입니다. 요즘 뉴스에서 드러난 성범죄 사건은 어쩌면 빙산의 일각일지도 모릅니다. 검찰청 통계에 따르면, 1993년부터 2012년까지 종교별 범죄자 수는 개신교 신자가 2170건, 불교신자 1405건, 천주교인 522건으로 나타났습니다. 성범죄를 가장 많이 저지른 전문직 직업군 1위가 목사라고 합니다.

여러 가지 이유가 있겠지만 목회자들의 음란 범죄에 대하여 '환경 탓'을 해서는 안 됩니다. 음란 범죄의 원인은 외부가 아니라 마음에 있기 때문입니다.

> 마음에서 나오는 것은 악한 생각과 살인과 간음과 음란과 도둑질과 거짓 증언과 비방이니 이런 것들이 사람을 더럽게 하는 것이요 씻지 않은 손으로 먹는 것은 사람을 더럽게 하지 못하느니라 마 15:19-20

날마다 자기 죄를 고백하고 회개하고 마음 밭을 점검하지 않으면 언제 어떻게 넘어질지 모릅니다. '나는 절대 그렇지 않아'라는 생각만큼 교만한 것이 없습니다. '나도 그럴 수 있어'라고 생각하고 매사에 조심해야 합니다. 요셉이 보디발의 아내의 유혹에서 승리할 수 있었던 것은 그가 "내가 어찌 이 큰 악을 행하여 하나님께 죄를 지으리이까"(창 39:9) 하며 하나님을 경외했기 때문입니다. 매사에 하나님을 의식하지 않으면 넘어지기 십상입니다. 사탄이 믿는 자들을 넘어뜨리려고 우는 사자처럼 찾아다니고 있습니다. 우리는 치열한 전쟁터 한가운데에 살고 있음을 잊어서는 안 됩니다.

그리고 교회에서는 범죄를 저지른 목회자를 처벌하지 않고 덮고 넘어가려는 태도를 버려야 합니다. 쉬쉬하며 그 목회자를 다른 교회로 보내면, 그곳에서 또 성범죄를 저지르라고 파송하는 것 아닙니까. 아울러 피해자를 오히려 범죄자로 둔갑시키는 일은 절대 해서는 안 됩니다. 그 일로 상처 받고 하나님을 떠나는 양들이 얼마나 많은지 모릅니다. 나중에 하나님 앞에 가서 무슨 말을 할 수 있겠습니까. 맷돌을 매고 왜 바다에 빠지지 않았냐고 책망을 들을지도 모릅니다.

또한 교회 내에서 목회자를 무조건 따르라고 말하는 것도 잘못입니다. 성추행을 하는데도 '주의 종'이니까 자매들은 참아야 합니까? 목회자들도 자매들과 사역하면서 정말 조심해야 합니다. 남자 목회자가 다수인지라 시각에 약하여 넘어질 수 있음을 늘 알고 긴장 상태를 유지해야 합니다. 사탄이 틈타지 않도록 닫힌 공간에 자매와 둘이 있다거나 늦은 시간까지 함께 보낸다거나 위로해 준다면서 스킨십을 하는 걸 피해야 합니다.

사도 바울은 젊은 사역자 디모데에게 편지를 보내면서 여자 성도들을 대할 때 이렇게 하라고 했습니다.

> 늙은 여자에게는 어머니에게 하듯 하며 젊은 여자에게는 온전히 깨끗함으로 자매에게 하듯 하라 딤전 5:2

이 말씀은 곧 교회의 자매를 이성으로 보지 말라는 뜻입니다. 이 세상은 유람선이 아니라 격렬히 싸워야 하는 전투함입니다. 이 영적 전투에서 승리하려면 세상의 주인인 사탄에 못지않은 지혜와 전략, 무기, 실력을 갖추어야 합니다. 이 시대에, 그리고 남녀노소 누구에게나 사탄이 가장 유용하게 쓰는 무기는 성입니다. 이 무기는 아주 강력합니다. 때문에 우리는 항상 깨어 있어야 합니다.

부부간 문제는 성격 차이가 아니라 성 문제입니다

이 땅에서 성 문제로 가장 심각한 영역은 바로 부부입니다. 부부는 당연히 성적으로 관계를 맺는 사이입니다. 그러나 '서로에게 만족스럽고 즐거운가?'를 묻는다면 아마 그렇다고 말하는 부부는 많지 않을 것입니다. 많은 부부가 성 문제로 갈등합니다. 결혼하면 부부가 원만하게 성생활을 할 것이라 생각하지만 대부분은 남녀 차이에서 오는 성적 문제를 갖고 있습니다. 남편은 성욕이 충만하여 아내에게 계속해서 잠자리를 요구하지만 아내는 남편의 행동이 마음에 들지 않아 피한다거나, 때로는 남편의 요구에 마지못해 수용하는 일이 반복됩니다. 이것이 현재 한국 부부의 현실입니다.

내가 만나 본 부부들은 대부분 성 문제로 고민하고 있었습니다. 이런 문제를 수면 위로 드러내는 것 자체를 부끄럽게 생각하기도 했습니다. 성 문제는 드러내 놓고 이야기하기 어렵다 보니, 문제가 쌓여도 덮어 놓고 괜찮은 척 살아갑니다. 그러나 부부가 성에 대해 만족하지 못하면 삶에서 많은 문제가 드러납니다. 겉으로는 성격 차이 운운하지만 그 중심에는 성 문제가 있습니다. 부부의 회복을 위해서도 부부간 성 문제는 반드시 해결되어야 합니다. 행복하길 원한다면 실력을 갖추어야 합니다.

성경은 성에 대해 적극적입니다

우리는 성경은 영적이고 거룩한 책이라 성에 대해 언급하지 않는다고 생각합니다. 교회에서 성에 대해 설교하는 목사님도 거의 없습니다. 그러나 성에 대해 노골적으로 묘사한 말씀이 있습니다. 바로 아가서입니다. 아가서를 단순히 솔로몬과 술람미 여인의 사랑 이야기로서 하나님과 인간의 사랑을 대변한다는 수준으로만 보는데, 아가서는 그 이상의 책입니다. 아가서만큼 노골적으로 남녀 간의 성관계를 이야기하는 책도 없습니다.

이제 솔직하게 성에 대해 이야기해야 합니다. 음지에서 숨기고 드러내지 않기에 발생하는 문제가 너무 큽니다.

당신은 어떻습니까? 일상생활 중에 뜬금없이 올라오는 성욕 때문에 민망하고 수치스러운 적은 없습니까? 저도 젊을 때 성욕이 올라올 때면 '예수 믿는 내가 이런 생각을 하다니… 내가 죄인 중에 괴수로구나' 하며 괴로워했습니다. 그러나 성욕을 느끼는 우리의 욕망은 분명 잘못된 게 아닙니다. 성욕이 식욕이나 수면욕처럼 자연스러운 현상임을 인정하고 죄책감에서 자유로워져야 합니다.

하나님은 즐거움을 위해 성을 마련하셨습니다. "네 샘으로 복되게 하라 네가 젊어서 취한 아내를 즐거워하라… 너는 그의 품을 항상 족하게 여기며 그의 사랑을 항상 연모하라"(잠 5:18-19) 등 성경은 부부간의 성관계를 장려하고 있습니다.

그럼에도 우리가 성에 대해 부정적으로 생각하는 이유는 무엇입니까? 리처드 포스터는 《돈 섹스 권력》에서 "기독교 역사상 참으로 비극적인 현상 가운데 하나는 성과 영성이 나뉜 것이다"라고 했습니다. 그는 우리 시대에 외설 서적이나 퇴폐 술집이 만연하는 까닭은 성에 대한 지나친 강조 때문이 아니라 오히려 충분히 강조하지 못하는

데 있다고 말했습니다. 포르노나 단란주점, 원나잇스탠드 같은 것들은 성을 사람과 사람 사이의 관계성이 아니라 생식기관이라는 좁은 한계로 제한하고 있으며, 성을 사소한 것으로 만들어 놓았다고 그는 말했습니다.

특히 우리 한국은 성에 대해 공개적으로 이야기하기 부끄러워하는 문화가 있습니다. 5천 년의 역사를 가지고 있고, 다른 어느 때보다 개방적인 시대를 살고 있음에도 성에 대해 대놓고 이야기하면 민망해 합니다. 그렇기에 성은 음지에서 몰래 배우거나 왜곡해서 배우는 경우가 많습니다. 성에 대한 많은 문제점이 성이 충만해서가 아니라 오히려 성을 제대로 알지 못하기 때문에 일어나는 경우가 많습니다.

성을 죄악시 할 때
문제는 더 커집니다

성에 대한 부정적인 풍조는 가톨릭에서 유래되었습니다. 회심 전에 성 어거스틴은 창녀와도 살고 사생아도 낳는 등 문란한 생활을 했기에 회심 후에는 성에 대해 부정적인 주장을 펼쳤을 것으로 생각합니다. 그는 "영은 하나님의 형상을 지닌 본질적인 것으로 그 자체가 선하지만,

육체는 욕망과 성욕을 지닌 것으로 그 자체가 악하다"고 말했습니다. 그는 성관계에서 얻는 강렬한 기쁨을 타락한 인간의 특징으로 여겼습니다. 그는 죄 짓기 전의 아담과 하와는 결코 성적 충동을 느낄 수 없었을 것이라고 생각하기도 했습니다. 그는 성적 충동을 덜 느끼고 성관계에서 기쁨을 덜 얻는 사람일수록 성화된 사람이라고 확신한다고 말했습니다.

이후 가톨릭에선 성을 죄악시하는 금욕주의가 팽배했습니다. 육체적인 쾌락은 악하다는 것과 성관계는 자녀를 낳기 위한 목적 외에는 제한되어야 한다는 것, 성적인 쾌락을 느끼는 것은 죄라는 분위기가 팽배했습니다. 신부와 수녀는 금욕주의자로서 평생 독신으로 지내며 하나님께 봉사하는 삶을 살았습니다.

중세 신학자인 이브스(Yves of chartres)는 부부가 성관계를 할 때도 날을 가려 해야 한다고 했습니다. 목요일은 예수님이 잡히신 날이기에, 금요일은 예수님이 십자가에 못 박혀 돌아가심을 기억해야 하기에 성관계를 해서는 안 되고, 토요일은 동정녀 마리아의 영광을 위해서, 주일은 예수님의 부활을 기념하기 위하여 성관계를 해서는 안 되며, 월요일은 고인이 된 조상들에게 경의를 표하기 위해

관계를 하면 안 된다고 했습니다. 그는 이렇듯 성을 부정적으로 가르쳤습니다.

그러나 본성을 억누르다 보니 음지에서 많은 성범죄가 일어났습니다. 신부와 수녀 사이에 아기들이 태어나기도 했는데, 이 문제를 해결하기 위해 수녀원에 고아원이 세워지기도 했습니다.

개신교는 가톨릭보다는 성에 대해 좀 더 긍정적이었습니다. 마틴 루터는 성을 하나님의 축복으로 알았습니다. 그래서 그는 수녀원에서 탈출한 카타리나라는 수녀와 결혼해 여섯 자녀를 낳고 행복한 부부생활을 즐겼습니다. 그밖에도 청교도와 유대인이 부부의 성을 적극적으로 즐겼다는 기록이 있는데, 그들은 성을 하나님의 선물이라 생각하여 장려했습니다.

그러나 대부분은 성을 대수롭지 않게 여기거나 죄악시했습니다. 한국에서는 '남녀칠세부동석'이라는 유교 문화와 성을 드러내기 꺼리는 교회 문화가 만나 성에 대해 더 폐쇄적이게 되었습니다. 한국 교회 초기에는 예배당 안에 커튼을 치고 남자와 여자 자리를 구분하는가 하면 남녀가 이야기도 못했습니다. 이러한 통념 속에서 살아왔기에 성은 계속 음지에만 머물게 되었고, 갖가지 문제를 일으켜도 쉬쉬하고 넘어가기 바빴습니다.

　교회는 지금까지 창세기에 나타난 에로티시즘과 아가서에 나오는 관능적 환희를 무시한 이단적인 태도를 취해 왔습니다. 성에 대한 욕구가 분명 있음에도 이를 배척하거나 잘못 배우기 때문에 많은 문제를 야기해 온 것이 사실입니다. 이제라도 성을 음지에서 양지로 끌어올려야 합니다. 그래야 건강한 성이 됩니다.

성, 야동에서 배우면 안 됩니다

　한국의 5천 년 역사는 크게 샤머니즘과 불교, 유교의 역사라고 할 수 있습니다. 이들 문화의 공통점은 성에 대해 부정적이고 대수롭지 않게 여기며 심지어 죄라면서 부끄럽고 더러운 것으로 가르쳐 왔다는 것입니다. 역사학자들은 한국인의 사고방식은 불교식이고, 생활양식은 유교식이며, 신앙 양식은 무당식이라고 평하고 있습니다. 이것이 숨기는 문화, 체면 문화, 마음과 말과 행동이 다른 문화가 우리 문화에 뿌리 내린 까닭이라는 것입니다. 우리는 이러한 영향을 받아 성이 경건하지도 거룩하지도 않은 세속적 욕망이며, 유혹의 죄라고 은연중에 생각해 왔습니다.

　현용수 박사의 《성경이 말하는 남과 여 한 몸의 비밀》에

의하면, 유대인들은 결혼 전에 성교육을 배운다고 합니다. 남자는 랍비가, 여자는 성지도자 자격증이 있는 여성 지도자가 가르칩니다. 그만큼 중요하기 때문이지요. 유대인은 젊은이들에게 성에 관한 테크닉을 가르치기 전에 왜 성교육을 해야 하는지 그 이유를 성경적으로 가르칩니다. 왜 하나님께서 성을 창조하셨고, 성을 통해 무엇을 하기 원하시는지, 왜 부부관계에는 기쁨이 있어야 하는지, 그리고 기쁨이 동반되기 위해서는 어떤 성 사상을 갖고 어떻게 해야 하는지를 가르칩니다. 심지어 남편이 아내가 준비되지 않았는데 충분히 애무하지 않고 성관계를 하는 것은 강간이라고 가르친다고 합니다.

  나는 우리 한국의 부모님이나 선생님들한테 성에 대해 배워서 잘 안다는 사람을 만나 보지 못했습니다. 대부분 야동이나 친구들을 통해 배웠다고 합니다. 마치 음지에서 자라는 독버섯처럼 쉬쉬하며 몰래 성을 배우는 게 보편적이게 되었습니다. 그러나 이런 어둠의 경로 또는 성인영화, 드라마, 잡지, 성인 사이트 등 많은 매체에서 보여 주는 성은 부부의 성생활을 심각하게 오염시키고 있습니다.

  성의 진정한 목적은 오르가슴이 아닙니다. 성의 진정한 목적은 '하나 됨'입니다. 각종 매체들이 성의 목적을 쾌락과 쾌감으로 보기 때문에 많은 문제가 발생합니다. 그것은 성범죄까지 일으킬 수 있는 위험한 것입니다. 성이 충만한 시대이기에 우리는 건강한 성을 알아야 합니다. 그동안 교회는 거룩한 성, 아름다운 성에 대해 애써 외면해 왔습니다. 교회가 버린 이 성을 사탄이 주워다가 온갖 도착증, 중독증, 변태 등을 만들어 성도들에게 수출하고 있습니다.

성경적인 성을 배워야 합니다

성은 개인의 신앙을 넘어섭니다. 다윗을 보십시오. 그는 훌륭한 신앙인이었지만 성에 넘어졌습니다. 내가 상담한 어느 자매는 찬양팀에서 성령 충만하게 찬양한 후 그 팀의 리더와 성관계를 했다고 했습니다. 뜨겁게 찬양할 땐 성 욕구가 전혀 없다가 끝나고 영적으로 풀어지니 유혹을 느낀 것입니다. 성욕은 아주 강한 본능입니다. 성령 충만과 성 충만은 옆방 사이입니다. 문 하나만 열면 성 충만인 것입니다. 이건 남자의 아킬레스건입니다. 역사를 보더라도 성 때문에 무너지는 경우가 많습니다.

교회는 더 이상 현실을 외면해서는 안 됩니다. 성은 치열한 영적 전쟁터입니다. 사탄의 적극적 공격 루트가 섹스, 즉 성입니다. 수수방관하고 한탄만 해선 안 됩니다. 우리의 가정, 부부, 자녀가 이 순간에도 넘어지고 실족하고 있습니다. 특히 목회자들이 외도나 성 문제로 넘어지는 경우가 많은데, 그들이 특별히 나쁜 사람들이어서가 아니라 방심해서 그렇습니다. 사탄은 성이라는 무기를 가지고 공격하는데 우리에게 방패가 없으니 점령당하는 것입니다.

목회자를 비롯해 청소년까지 성경적인 성을 배워야 합니다. 이 세대를 본받지 말고 마음을 새롭게 하고 변화를 받아 하나님의 선하시고 기뻐하시고 온전하신 뜻을 이루도록 해야 합니다(롬 12:2).

내 백성이 지식이 없으므로 망하는도다 호 4:6

하나님을 아는 지식, 세상을 이길 지식이 있어야 합니다. 이 세상을 바로 알고 진단하며 영적 전쟁에서 승리할 수 있는 지식을 배워야 합니다. 그리고 아름다운 성, 거룩한 성, 축복의 성을 누려야 합니다.

chapter 2

성은 하나님이 주신 선물입니다

성경은 성이 하나님이 만드신 놀라운 축복이요 선물이라고 말합니다(딤전 4:1-5). 부부는 성을 통해 생육하고 번성하며, 둘이 한 몸, 즉 보다 친밀한 관계가 되고, 즐겁고(신 24:5), 서로 사랑하며 만족을 누릴 수 있습니다. 성은 하나님의 축복의 설계도(잠 5:15-19)이자 부부간에 하나님이 주신 황홀한 기쁨입니다(아 4:1-16).

성은 부부관계 안에서 이루어질 때 '두 사람이 벌거벗었으나 부끄러워하지 않는 관계'가 된다는 점을 꼭 기억하십시오(창 2:25). 합법적인 관계여야 마귀가 참소하지 못하고, 죄책감에 사로잡히지 않게 됩니다. 부부는 생육하고 번성하며(창 1:26-28), 성의 기쁨과 쾌락을 즐길 수 있는(잠 5:18-19) 단 하나의 관계입니다. 하나님은 이 관계를 통해 음행을 방지하고, 섬김을 훈련하며, 정욕을 제어하고, 절제를 훈련하길(고전 7:2-5) 원하십니다.

성관계는 배우자와 한 몸을 이루는 신비한 연합입니다

> 이러므로 남자가 부모를 떠나 그의 아내와 합하여 둘이 한 몸을 이룰지로다 아담과 그의 아내 두 사람이 벌거벗었으나 부끄러워하지 아니하니라 창 2:24-25

> 남자와 여자를 창조하시고 창 1:27

하나님은 아담과 하와의 결혼 주례사를 하시면서 남편이 그 아내와 합하여 둘이 한 몸을 이루라고 말씀하셨습니다. 남편과 아내가 성교를 통해 한 몸이 되라는 말씀입니다. 남자는 히브리어로 '자칼'(zakar)이고 여자는 '네케

바'(neqebah)입니다. 자칼은 '칼로 베다, 날카롭다, 단단하다, 목적지를 향해 포인트하다'란 뜻이 있습니다. 이것이 뭘 의미합니까? 남자 성기(음경)를 뜻합니다. 남자 성기는 발기하면 날카로워지고 단단해지고 목적지를 향해 겨냥합니다. 남편은 아내의 가장 깊은 곳으로 들어가 거기서 남성의 능력을 발휘합니다.

'네케바'는 영어로 'hole'(구멍), 'pierced'(깊이 뚫린)란 뜻으로, 여자의 성기를 의미합니다. 여자에게 그보다 더 깊은 곳은 없습니다. 그 깊은 곳에서 남편은 정복감과 쾌감과 환희를 경험하고 남성다움을 느낍니다. 아내는 가장 깊은 곳에 남편을 초대합니다. 자기 안에서 즐거워하고 기뻐하는 남편을 보며 만족과 보람과 환희를 경험합니다. 둘은 껴안으며 한 몸을 이룹니다. 한 몸을 이루었기에 벌거벗었으나 부끄러워하지 않습니다.

죄가 들어오기 전에 아담과 하와는 부끄러움이 없었습니다. 리처드 포스터는 "남자와 여자가 서로에게 가까이 이끌렸으며 벌거벗었으나 부끄러워하지 않았다는 사실을 알고 있다. 그들은 자기들의 남자됨과 여자됨이 하나님의 솜씨라는 사실, 그리고 그들의 열렬한 애정 또한 그러하다는 사실을 알고 있다"고 했습니다.

맞습니다. 성은 하나님의 솜씨이며, 하나님과 인간 간의 친밀한 사이를 보여 줍니다. 성적으로 하나가 되었을 때 둘은 자신의 가장 깊은 곳까지 내어 주게 됩니다. 상대방에 대한 신뢰 속에 자신을 주는 것입니다. 육체적으로만 만족하는 게 아니라 혼과 영이 인격적이고 은밀한 사귐을 통해 만족과 안정감을 느끼는 것입니다. 육체적인 하나 됨(physical oneness), 정신적인 하나됨(psychological oneness), 영적인 하나됨(spiritual oneness), 즉 전인적인 하나됨(total oneness)입니다. 예수님도 "그런즉 이제 둘이 아니요 한 몸이니 그러므로 하나님이 짝지어 주신 것을 사람이 나누지 못할지니라"(마 19:6)라고 하셨습니다.

> 아담이 그의 아내 하와와 동침하매 하와가 임신하여 가인을 낳고 이르되 내가 여호와로 말미암아 득남하였다 하니라 창 4:1

이 구절에서 '동침'은 히브리어로 '야다'(yada)입니다. 야다는 '안다'는 뜻으로서 경험적으로 아는 것을 말합니다. 아담과 하와가 육체의 연합을 통해서 서로를 알 수 있었습니다. 한 몸이 되지 않으면 알 수 없는 신비한 부분들이 있습니다. 하나님은 우리 몸 구석구석에 놀라운 감각을 주셨습니다. 서로의 성감대를 찾아낼수록 즐거울 뿐만 아니라 서로를 섬기고 더 깊이 알게 됩니다. 하나님은 부부가 완전한 만족을 얻길 원하십니다. 휘트 부부는 《즐거움을 위한 성》에서 "부부의 성생활은 남편과 아내에게 놀랍고 지속적인 경험이 되지만, 그것을 넘어서 하나님에 대해 그리고 그분과 우리의 관계에 대해 훨씬 더 놀라운 것을 보여 주려는 의도가 들어 있다"고 했습니다.

휘트 부부의 말처럼 부부관계의 친밀함은 부부를 넘어서 하나님의 위대한 영적 진리를 보여 주시는 방법입니다. 이것을 통해 예수님이 우리를 위해 자신을 주셨고 어떻게 그분이 교회와 친밀하게 연결되어 있으며 얼마나 교회를 사랑하시는지 알게 됩니다.

> 이는 남편이 아내의 머리 됨이 그리스도께서 교회의 머리 됨과 같음이니 그가 바로 몸의 구주시니라 엡 5:23

> 남편들아 아내 사랑하기를 그리스도께서 교회를 사랑하시고 그 교회를 위하여 자신을 주심 같이 하라 엡 5:25

> 우리는 그 몸의 지체임이라 그러므로 사람이 부모를 떠나 그의 아내와 합하여 그 둘이 한 육체가 될지니 이 비밀이 크도다 나는 그리스도와 교회에 대하여 말하노라 엡 5:30-32

"그 몸의 지체"에서 '그 몸'은 예수님을 말합니다. 우리가 예수님의 지체라면서 바로 다음 절에서 사람이 부모를 떠나 아내와 합하라고 말하고 있습니다. 이 얼마나 놀라운 구절인지요? 남녀가 만나 부부가 되어 한 몸이 되는 것처럼 신랑이신 예수님과 신부인 교회가 만나 성령을 통해서 한 몸이 되었습니다. 남편과 아내가 육체적 연합을 통해 한 몸이 된 후에야 진정한 부부의 의미를 체험적으로 아는 것처럼, 교회(각 사람)도 예수님과 체험적 만남을 통해 예수님과 한 몸이 되고, 그 후에야 예수님이 누구신지 제대로 알 수 있다는 것입니다.

바울은 이 말씀에서 남녀가 하나가 되는 것에 대해 "이 비밀이 크도다" 했습니다. 성관계를 배우자와 한 몸이 되는 신비로운 연합이라고 생각했습니다. 성적 결합은 서로에 대한 깊은 사랑과 신뢰의 표출이자 최고의 환희입니다. 부부가 온전히 하나가 되는 것처럼 그리스도와 교회도 온전히 연합하는 관계입니다. 부부관계는 누구도 침범할 수 없고 알 수도 없기에 신비한 것처럼, 그리스도와 성도의 관계도 그러합니다.

하나님은 결혼을 통해 하나되게 하셨고, 이를 통해 풍성함과 기쁨을 누릴 수 있도록 계획하셨습니다. 이것이 유일한 방법이라고 해도 과언이 아닙니다. 결혼은 하나님이 만드신 것입니다. 결혼에서 중요한 성적인 연합에 얼마나 놀라운 비밀이 있는지요. 결혼생활을 통해 우리는 하나님이 인간을 얼마나 사랑하시고 인내하시며 애쓰시는지 배웁니다. 그리고 사랑은 나의 유익이 아니라 상대방의 유익을 위한 섬김임을 알게 됩니다. 남편과 아내가 서로 사랑하듯이 하나님이 성도를 얼마나 사랑하는지 알게 됩니다.

동물은 종족 본능에 끌려 교미를 하지만 인간은 전 인격적으로 성관계를 하는 유일한 피조물입니다. 그러나 죄가 들어오고 나서 성이 왜곡되었습니다. 성은 서로를 가장 친밀하게 아는 관계성이 가장 중요한 목적인데 타락 후 성은 즐기는 도구로 왜곡되었습니다. 사탄은 육체의 욕망을 충족시키기 위한 도구로 성을 망가뜨려 놓았습니다.

생육하고 번성하기 위해 성을 주셨습니다

하나님이 이르시되 우리의 형상을 따라 우리의 모양대로 우리가 사람을 만들고 그들로 바다의 물고기와 하늘의 새와 가축과 온 땅과 땅에 기는 모든 것을 다스리게 하자 하시고 하나님이 자기 형상 곧 하나님의 형상대로 사람을 창조하시되 남자와 여자를 창조하시고 하나님이 그들에게 복을 주시며 하나님이 그들에게 이르시되 생육하고 번성하여 땅에 충만하라 창 1:26-28

하나님께서 성을 만드신 첫째 목적은 생육하고 번성하기 위해서입니다. 이때의 '번성'은 부부간의 성관계를 의미합니다. 하나님의 형상을 닮은 거룩한 인간을 만들기 위한 것이지요. 생명을 잉태하는 것은 거룩한 일입니다.

나는 아이를 셋 이상 낳아야 한다고 생각합니다. 내가 예방학을 공부했는데, 하나나 둘 낳으면 인구가 줄어듭니다. 셋은 현상 유지가 되고 넷 이상은 인구가 증가합니다. 통계청 자료에 의하면 한국은 OECD 국가 중 가구당 1.17명을 낳는 출산율이 제일 낮은 국가입니다(2016년 기준). 게다가 고령화 사회로 가는 속도가 가장 빠른 나라입니다.

2015년 인구주택총조사에 의하면, 우리나라 인구 구조가 삼각형에서 항아리형으로 바뀌는 데 30년이 채 걸리지 않았다고 합니다. 유소년 인구가 적고 고령 인구가 많을수록 항아리형이 됩니다. 고령화 속도가 점차 빨라지는데다 출산율이 급격히 낮아지는 이 같은 현상은 사회적으로 큰 문제가 아닐 수 없습니다. 이 조사에 따르면 30년 전에 비해 2014년 유소년 인구는 518만 명 감소했습니다.

　요즘 청년들은 아이를 많이 낳아야 한다고 하면 생활비나 학비 등을 이유로 들며 고개를 절레절레 흔듭니다. 물론 현실은 먹고살기 어려울 정도로 팍팍합니다. 아이를 많이 낳아 기르기엔 엄두가 안 납니다. 그러나 그리스도인에게는 하나님이 있습니다. 하나님은 우리를 위해 많은 것을 준비해 놓으셨습니다. 믿음으로 나아가 취해야 합니다. 미리 걱정하여 아무 일도 하지 않는다면 믿음을 포기하는 것입니다.

　내가 아이를 셋 낳을 때는 정부 정책이 '하나 낳아 잘 기르자'였습니다. 내가 셋 낳았다니 다들 저더러 야만인이라고 했습니다. 그런데 나는 성경적으로 볼 때 셋은 낳아야 한다고 생각합니다. 의자도 다리가 셋 있으면 안정적이지만 하나나 둘밖에 없으면 흔들거리며 위험합니다. 셋은 공동체를 이룰 수 있습니다. 우리 집도 세 아이의 가정이 모이면 얼마나 흐뭇하고 재미있는지 모릅니다. 꼭 셋 이상은 낳으시길 바랍니다.

성관계를 통해 기쁨과 즐거움을 누리게 하십니다

> 너는 네 우물에서 물을 마시며 네 샘에서 흐르는 물을 마시라… 네 샘으로 복되게 하라 네가 젊어서 취한 아내를 즐거워하라 그는 사랑스러운 암사슴 같고 아름다운 암노루 같으니 너는 그의 품을 항상 족하게 여기며 그의 사랑을 항상 연모하라 잠 5:15, 18-19

하나님은 젊어서 취한 아내를 즐거워하고 연모하며 그 품을 족하게 여기고 그 샘으로 복되게 하라고 하십니다. 성경에서 샘, 우물, 동산, 정원은 여자의 성기를 의미하는 단어로 종종 사용됩니다. "네 샘으로 복되게 하라"고 하였기에 아내도 성관계를 할 때 행복해야 합니다. 성은 큰 즐거움을 주는 것을 아내도 경험해야 합니다.

성경은 성을 숨기지 않습니다. 우리는 성관계를 할 때 자기를 내어 주고 상대방을 받아들임으로써 걷잡을 수 없는 기쁨에 찬 쾌감을 느낄 수 있습니다. 하나님이 허락하신 합법적인 관계 안에서 육체적 쾌락은 선합니다. 하나님은 성관계를 통해 사랑하는 배우자를 더 깊이 알아 가도록 하셨습니다.

하나님이 성을 즐기도록 창조하지 않으셨다면 여자에게 34군데의 성감대가 있게 만드시지도, 남자가 성적 흥분을 할 때 경련이 0.8초 간격으로 일어나게 만드시지도 않았을 것입니다. 남자는 사정을 하면 황홀해집니다. 사정은 정액이 사출되는 겁니다. 나는 의사이기 때문에 이것에 대해 생각해 보았습니다. 남자의 성기에서 소변도 나오고 정액도 사출됩니다. 같은 곳에서 나오는데 소변을 보면 황홀하지 않지만 사정할 땐 황홀합니다. 만일 소변 볼 때도 황홀경을 느낀다면 화장실에서 난리가 날 겁니다.

간혹 성적 즐거움을 갖는 것에 대해 죄책감을 갖는 분들이 있는데 전혀 그럴 필요가 없습니다. 루이스 스메디스 교수는 "성의 기쁨은 깊은 사귐 안에서 인간성이 가장 근본적이면서 완전하게 충족되는 것이기 때문에 지상에서 누리는 최고의 쾌락이다"라고 했습니다. 부부 사이에서 이런 즐거움을 누리게 되길 바랍니다.

음행을 방지하기 위해 성을 주셨습니다

> 음행을 피하기 위하여 남자마다 자기 아내를 두고 여자마다 자기 남편을 두라 고전 7:2

사도 바울은 고린도 교회의 음행 문제를 지적했습니다. 고린도는 항구 도시로서 많은 신이 있었습니다. 아프로디테와 아폴로 신전 외에도 10개 이상의 신전이 있었던 만큼 성적으로도 다른 도시에 비해 문란했습니다. 제사 의식의 하나로 음란 행위를 할 정도였습니다.

반면, 영지주의자들의 영향을 받아서 육체를 불결하게 생각하는 사람도 있었습니다. 영지주의자들은 영은 거룩하고 불멸하며 육은 불결하고 파멸한다고 가르쳤습니다. 이처럼 당시에는 육체를 지나치게 무시하는 금욕주의와 육체의 쾌락을 방임하는 쾌락주의가 있었습니다. 그러나 이 두 가지는 모두 건강하지 않은 생각입니다. 바울은 디모데전서에서 이런 자들에 대해 경고합니다.

> 혼인을 금하고 어떤 음식물은 먹지 말라고 할 터이나 음식물은 하나님이 지으신 바니 믿는 자들과 진리를 아는

자들이 감사함으로 받을 것이니라 딤전 4:3

바울은 음행한 사람들에게도 단호히 경고합니다.

몸은 음란을 위하여 있지 않고 오직 주를 위하여 있으며 주는 몸을 위하여 계시느니라 하나님이 주를 다시 살리셨고 또한 그의 권능으로 우리를 다시 살리시리라 고전 6:13-14

음행을 피하라 사람이 범하는 죄마다 몸 밖에 있거니와 음행하는 자는 자기 몸에 죄를 범하느니라 너희 몸은 너희가 하나님께로부터 받은 바 너희 가운데 계신 성령의 전인 줄을 알지 못하느냐 너희는 너희 자신의 것이 아니라 고전 6:18-19

우리는 하나님이 주신 몸을 소중히 간직해야 합니다. 음란에 몸을 맡겨서는 안 됩니다. 음행하는 자는 자기 몸에 죄를 범하는 것입니다. 우리는 성령의 전입니다. 그러므로 우리 몸을 소중히 여기며 결혼 관계 외에 다른 곳에서 성관계를 하면 안 됩니다. 성경은 이것을 매우 엄중하게 다

룹니다. 외도는 심각한 범죄입니다. 자기 배우자와 친밀한 연합을 위해 연구하는 자세가 굉장히 중요합니다.

섬김의 훈련을 위해 성을 주셨습니다

> 남편은 그 아내에 대한 의무를 다하고 아내도 그 남편에게 그렇게 할지라 아내는 자기 몸을 주장하지 못하고 오직 그 남편이 하며 남편도 그와 같이 자기 몸을 주장하지 못하고 오직 그 아내가 하나니 고전 7:3-4

사랑은 자기의 유익을 구하지 않습니다. 부부의 성관계는 욕망을 채우는 것이 아니라 어떻게 하면 내 사랑하는 남편, 사랑하는 아내를 행복하게 해 줄까에 초점을 맞춰야 합니다. 베드로전서 3장 7절에 보면 "남편들아 이와 같이 지식을 따라 너희 아내와 동거하고…"라고 했습니다. 여기서 '동거'라는 말이 성관계를 의미합니다. 그래서 성적인 지식을 배워야 합니다. 원하지 않더라도 상대방의 욕구에 귀 기울일 줄 알아야 합니다. 그리고 무엇이 배우자를 즐겁게 해 주는가를 끊임없이 연구해야 합니다. 이것이 서로 섬기는 것입니다.

배우자의 성을 자기만족만을 위해 사용하는 것은 성경적이지 않습니다. 내가 배우자에게 보물 같은 존재이듯 배우자 역시 나에게 그런 존재임을 느끼게 해 주는 관계여야 합니다. 그 섬김의 훈련을 통해 하나됨을 경험할 수 있습니다.

성은 정욕을 절제하는 훈련입니다

> 음행을 피하기 위하여 남자마다 자기 아내를 두고 여자마다 자기 남편을 두라… 만일 절제할 수 없거든 결혼하라 정욕이 불같이 타는 것보다 결혼하는 것이 나으니라
>
> 고전 7:2, 9

바울은 불같이 타오르는 정욕을 절제하기 어렵거든 결혼하라고 했습니다. 그렇다면 바울은 과연 결혼을 했을까요? 많이들 바울은 독신 생활을 했을 것이라고 말하지만 나는 그도 결혼을 했을 것이라고 생각합니다. 왜냐하면 그는 산헤드린 공회원이었는데, 결혼한 자만 공회원에 들어갈 자격이 주어졌기 때문입니다. 그가 어떤 이유로 배우자와 이별하여 독신이 되었는지는 모르겠지만, 그는 여

자를 경험한 사람이었습니다.

> 여러 계시를 받은 것이 지극히 크므로 너무 자만하지 않게 하시려고 내 육체에 가시 곧 사탄의 사자를 주셨으니 이는 나를 쳐서 너무 자만하지 않게 하려 하심이라 고후 12:7

바울은 육체의 가시를 없애 달라고 했습니다. 많은 사람이 '육체의 가시'를 안질이나 간질로 보는 경우가 많습니다. 그런데 요즘은 육체의 정욕이라고 해석하는 신학자들도 많아지고 있습니다. 만약 육체의 가시가 안질이나 간질이었다면 영어로 body라고 해야 합니다. 그런데 영어성경은 flesh라고 번역했습니다(NIV). '육체의 정욕'을 영어로 'desire of flesh'라고 번역합니다. 이것만 봐도 육체의 가시가 단지 질병이 아니라 물욕이든 성욕이든 정욕의 문제였다는 것을 알 수 있습니다.

이미 여자를 경험한 사람은 그렇지 않은 사람보다 여자에 대한 욕망이 더 크고 강합니다. 특별히 남자들은 수시로 성적 욕구가 일어납니다. 왜냐하면 남자들은 시각적 자극에 의해 성적인 반응을 하기 때문입니다. 또한 남성호르몬인 테스토스테론의 영향으로 성이 최우선입니다.

그래서 남자들은 성을 절제하지 못해 성범죄를 일으킬 가능성이 많습니다. 요즘 지하철이나 공공장소에서 성추행이 일어난다는 뉴스가 많은데 가해자가 대부분 남자들인 것만 봐도 알 수 있습니다. 이는 남자의 특성이 성을 절제하기 어려워서 그렇습니다. 특히 신앙과 인격이 성숙하지 못하면 성적 범죄를 일으킬 가능성이 높습니다. 그래서 남자들은 가능한 한 25세 이상이면 빨리 결혼해야 하고, 성적 욕구를 잘 승화시켜 성적인 범죄의 유혹에서 스스로를 보호해야 합니다.

그런데 결혼 후에도 아내가 잠자리를 거절한다든지 남편을 무시하는 등의 이유로 성적 불만이 생기면 남자는 다른 여자에게 눈을 돌리거나 성범죄를 일으킬 가능성이 많습니다. 따라서 부부간에 성적으로 만족해야 남편과 아내를 성범죄에서 보호할 수 있습니다. 바울이 절제할 수 없거든 결혼하라고 한 까닭도 여기에 있습니다.

성은 하나님의 선물이며 거룩한 행위입니다

혼인을 금하고 어떤 음식물은 먹지 말라고 할 터이나 음식물은 하나님이 지으신 바니 믿는 자들과 진리를 아는

> 자들이 감사함으로 받을 것이니라 하나님께서 지으신 모든 것이 선하매 감사함으로 받으면 버릴 것이 없나니 하나님의 말씀과 기도로 거룩하여짐이라 딤전 4:3-5

  나는 의과대학을 졸업하던 해인 25세에 결혼했습니다. 당시 나는 병원에서 인턴십을 받고 있었기 때문에 너무 바빠서 3일에 한 번 집에 들어왔습니다. 그런 중에도 대학 4학년 때 만난 약혼녀와 틈틈이 데이트를 했습니다. 돈도 없고 아직 군대도 가지 않았거니와 병원 생활이 너무 바빠서 결혼할 형편이 못 되었습니다. 하지만 성적 욕구가 너무 커서 자꾸 약혼녀에게 치근댔습니다. 약혼녀는 결혼 전에는 절대 순결을 지키자고 했고 나도 동의했으나 절제하기가 너무 힘들었습니다. 순결은 지켰지만 대신에 스킨십이 점점 짙어져서 내적 갈등이 심했습니다. 결국 나는 더 이상 고생하지 말고 결혼하자고 했습니다. 부모님도 허락하신 터라 내 약혼녀도 동의했습니다. 그때 나는 약혼녀에게 물었습니다.

  "지금 결혼하면 나는 돈도 없고 집도 없고 군대도 가야 하고 인턴십도 마쳐야 합니다. 미국 가서 수련을 더 받는 기간까지 합하면 10년은 고생할 텐데 그래도 결혼할 수 있습니까?"

그때 그녀의 대답이 놀라웠습니다.

"사랑하는 남편과 같이 고생하는 것은 영광입니다. 나는 당신을 돕겠습니다."

나는 감동했고 그 바쁜 인턴 기간 중에 결혼했습니다. 그리고 우리는 가난했지만 행복한 신혼을 누렸습니다.

지금 생각해도 너무 잘한 일입니다. 나는 성이 하나님의 큰 선물이고 부부간의 성관계는 거룩한 행위라는 것을 깨달았습니다. 부부만이 누릴 수 있는 은밀하지만 환상적인 관계, 이것은 하나님의 축복입니다. 성관계를 통해서 우리는 하나님을 체험했고 나는 내 아내가 너무나 예쁘고 사랑스러웠습니다.

하나님은 성을 만드셨고 축복하셨습니다. 성은 거룩하고 아름다운 하나님의 선물입니다. 이 성을 사탄의 도구로 사용할 때 죄가 되고 하나님께 책망 받는 것입니다. 그러나 하나님이 짝지어 주신 남편과 아내의 성은 하나님의 은총입니다.

창세기 2장 24-25절의 확대 주석이 아가서라고 합니다. 성의 기쁨, 환희, 하나됨, 하나님의 은총임을 부부가 깨달아 서로를 섬기고 즐기고 하나님께 영광을 돌린다면 하나님이 기뻐하십니다.

나는 내 아내와 성관계를 할 때 하나님께 감사드리고 '할렐루야' 소리칩니다. 물론 내 아내는 아멘으로 화답합니다. 성을 주신 하나님을 찬양하고 감사의 환성과 예배를 드리며 하나님께 영광을 돌리는 것이지요.

성을 주신 하나님을 찬양하라! 부부의 성은 거룩하고 축복된 하나님의 선물이며 아름다운 예배입니다.

part 2

성, 얼마나 알고 있습니까?

chapter 3

문제는 속궁합이 아닙니다

성은 하나님이 부부에게 주신 신성하고 중요한 대화 수단입니다. 그런데 남자와 여자는 다른 행성에서 온 사람들처럼 서로 많이 다릅니다. 예를 들면, 남자는 시각과 후각이 발달되어 있고 여자는 청각과 촉각이 예민합니다. 그래서 데이트를 할 때 남자는 예쁜 여자만 보면 저절로 고개가 돌아가고, 여자는 분위기와 스킨십에 약합니다. 성도 마찬가지입니다. 남자의 성과 여자의 성이 많이 다릅니다. 이 차이를 이해하지 못하면 성관계 때 많은 갈등이 생깁니다.

성격 차이는 결국 성적 문제입니다

윌라드 할리의 《그 남자의 욕구 그 여자의 결말》을 보면 남편의 다섯 가지 기본적인 필요와 아내의 다섯 가지 기본적인 필요가 나옵니다. 결혼생활에서 남편과 아내가 원하는 욕구가 얼마나 다른지 알 수 있습니다.

남편의 필요

첫째, 성적 욕구를 채워 주는 것

둘째, 그의 취미에 참여하고 함께 재미있게 노는 것

셋째, 아내가 매력적이고 멋있게 보이는 것

넷째, 아내가 가사와 육아를 성실히 해 주는 것

다섯째, 남편을 존경하고 칭찬하는 것

아내의 필요

첫째, 부드럽게 보살펴 주는 것

둘째, 대화를 나누는 것

셋째, 자기의 상황을 솔직히 이야기하는 것

넷째, 재정적으로 안정감을 주는 것

다섯째, 가정에 헌신하는 것

부부 사이에서 성이 차지하는 비율을 보십시오. 남편은 성 욕구가 첫째입니다. 그런데 아내는 다섯 가지 필요의 우선순위 안에 성이 들어 있지도 않습니다. 그래서 성 강의를 할 때 여자들은 이렇게까지 해야 하냐는 질문을 많이 합니다. 그런데 남자에게 성은 매우 중요합니다.

남편은 성에 대해 소극적인 아내를 '목석'이라 하고, 아내는 성에 적극적인 남편을 '짐승'이라 합니다. 성에 의한 갈등이 심해서 이혼하는 경우도 많습니다. 그러나 성 문제 때문에 이혼한다고 말하긴 부끄러우니 성격 차이라고 핑계를 대곤 합니다. 실제로 성격 차이로 이혼을 앞두고 있는 부부의 95퍼센트가 성 문제로 갈등하고 있었습니다. 성격 차이라는 말에는 성적 문제가 깔려 있는 것입니다. 남자는 성이 만족되면 그 어떤 성격 차이도 문제가 되지 않습니다. 남자가 이렇게 단순합니다.

남편을 위해 성적 욕구를 채워 주고 칭찬해 주세요

좋은 부부관계를 위해서는 먼저 서로에 대해 알아야 합

니다. 알아야 채워 줄 수 있으니 아는 것만으로도 많이 발전하는 것입니다. 반대로 서로에 대해 아는 것도 없고 알고자 하는 노력도 없다면 부부 관계가 좋을 수 없습니다.

앞에서 살폈던 윌라드 할리의 남편과 아내의 다섯 가지 기본적인 필요를 좀 더 자세히 살펴보도록 하겠습니다. 먼저 남편의 필요는 이렇습니다.

▬ 첫째, 성적 욕구를 채워 주는 것

이는 남편이 가장 절실히 필요로 하는 부분입니다. 부부가 성적으로 잘 맞으려면 성적 무지를 극복해야 합니다. 남자의 성과 여자의 성이 어떻게 다른지, 남녀가 흥분(arousal), 정체(plateau), 절정(climax) 회복(recovery) 등 성관계 때 어떤 반응을 보이는지 알아야 합니다. 보다 자세한 남녀 성의 차이는 뒷부분에서 다룰 것입니다.

▬ 둘째, 내 취미에 참여하고 함께 재미있게 노는 것

성적 욕구 다음으로 남편이 원하는 건 아내와 함께 운동이나 취미생활을 하는 것입니다. 먼저 서로 어떤 취미를 가지고 있는지 파악해야 합니다. 연애 시절과 달라진 점은 무엇인지 파악해 보십시오. 그리고 부부가 많은 시간을 같이 보내기 위해 내가 포기하거나 줄여야 하는 취미는 무엇인지 이야기해 보십시오. 봉사활동을 하거나 골프나 산책 등을 해도 좋습니다. 서로 조율하여 공통의 취미를 갖는 게 부부 사이를 가깝게 하는 데 중요합니다.

셋째, 아내가 매력적이고 멋있게 보이는 것

남편은 아내가 처녀 때처럼 매력적이길 원합니다. 대부분의 아내들은 결혼 후 아이를 낳으면 몸매가 망가지고 얼굴은 부스스하고 옷도 아무렇게나 입는 등 외모에 신경을 못 쓰게 됩니다. 이럴 때 남편들이 얼마나 실망하는지 모릅니다. 대부분의 남편은 아내의 내면적 아름다움만으로 만족하기 어렵습니다. 왜냐하면 남자는 시각과 후각에 민감하기 때문입니다. 아내는 본인이 좋아할 뿐 아니라 남편이 매력을 느낄 수 있도록 외모를 가꿀 필요가 있습니다. 그렇다고 성형수술을 하거나 무리한 다이어트를 하라는 게 아닙니다. 매력은 주어진 여건을 최대한 활용할 때 발산됩니다. 아내는 '내가 왜 남편에게 맞춰야 하는가' 하고 억울하게 생각할 게 아니라 서로 섬기는 관계에서 남편의 필요를 고려해야 합니다.

넷째, 아내가 가사와 육아를 성실히 해 주는 것

남편은 아내가 미소로 맞아 주길 원합니다. 집안이 잘 정돈되어 있으며 아이들은 예의 바르게 아빠를 맞이해 주길 꿈꿉니다. 또 맛있는 음식을 먹고 산책을 하거나 TV를 보고 음악을 들으며 휴식하길 원합니다. 그리고 늦은 밤에 아내와 사랑을 나누길 원합니다. 이러한 이미지들이 남편이 이상적으로 생각하는 결혼생활입니다.

그런데 현실은 어떻습니까? 남편은 회사에서 돌아올 때면 지쳐서 파김치가 되어 있습니다. 또 일에 대한 걱정과 부담으로 불안해하지요. 그렇다 보니 가정일과 육아는 전적으로 아내에게 맡기고 싶어 합니다.

요즘은 맞벌이를 하는 가정이 많은지라 아내 역시 쉼의 욕구가 큽니다. 서로 미루기만 하고 불평만 한다면 부부 사이에 금이 갈 수밖에 없습니다. 육아나 가사를 서로 분배하고, 회사에서 힘들었다고 집에서 짜증을 내거나 화를 내선 안 됩니다. 대신 서로 대화를 통해 상대의 마음을 이해하고 기도해 주며 슬기롭게 대처해야 합니다.

다섯째, 남편을 존경하고 칭찬하는 것

"당신은 정말 멋져요. 당신은 이해심이 깊어요. 믿음직

스러워요. 정말 잘했어요. 정말 감격했어요. 당신은 이 일을 정말 잘하는군요" 등 남편은 아내가 존경하고 칭찬할 때 감격합니다. 남편은 언제까지나 아내가 자기편이길 원합니다. 아내가 격려하고 지지할 때 자신감을 얻고 더 큰 일을 해냅니다. 아내는 남편이 단점을 고쳐서 좀 더 잘하도록 하려는 의도에서 잘못을 지적할지 모르지만 그건 지혜로운 방법이 아닙니다. 아내의 지혜 중 하나가 칭찬입니다. 칭찬이 남편을 춤추게 합니다. 남편의 단점을 보려 하지 말고 장점을 찾아서 말해 주십시오. 그리고 작은 것이라도 진심으로 말하십시오.

아내를 진심으로 보살피고 헌신해 주세요

남편으로서 아내의 가장 기본적인 필요를 이해하고 충족시키는 일은 결혼생활을 더욱 풍요롭게 하는 데 절대적입니다. 아내의 필요는 이렇습니다.

첫째, 부드럽게 보살펴 주는 것

부드러운 보살핌을 성적 충동이나 성관계의 동의어로 생각해서는 안 됩니다. 아내에게 부드러운 보살핌이란 기분 좋고, 따뜻하며, 편안하고, 보살핌을 받고 있다고 느끼는 것입니다. 그럴 때 아내는 안정감과 인정을 받는다고 느낍니다. "당신을 보살피고 보호하겠습니다. 당신은 나에게 소중합니다. 내가 도와줄게요. 당신이 참 자랑스러워요" 등의 말은 아내를 격려하고 힘이 나게 합니다.

여자는 촉각과 청각이 발달되어 있습니다. 가볍게 안아 주거나 다정한 말을 해 주는 게 그래서 아내에게 중요합니다. 결혼기념일이나 생일 등 특별한 날에는 기억하여 선물을 하십시오. 또 평소에 가사를 도와주거나, 낮에도 전화해서 잘 지내는지 물어보거나, 퇴근 시간을 알려주면 좋습니다. 아내에게 무얼 해야 기분이 좋은지 물어보고 서로 합의하여 시행하면 좋습니다.

둘째, 대화를 나누는 것

아내는 남편이 자기 이야기를 들어 주기를 바랍니다. 남편은 자동차를 고친다거나 야구, 축구, 정치, 경제 등의 주제를 이야기하기 좋아하지만 아내는 자기에게 일어난 소소한 일이나 사람에 대해 이야기하길 좋아합니다. 일주일에 15시간 이상 대화를 하도록 노력하십시오. 대화 시에는 다음과 같은 점을 주의하십시오.

- 아내를 훈계하거나 약점을 지적하여 마음 상하게 하지 말 것.
- 아내에게 자신의 방법이나 의견에 동의하도록 윽박지르지 말 것.
- 과거나 현재의 잘못을 들추어 내거나 그것에 집착하지 말 것.

아내는 대화를 두 번째로 중요하게 여기는데, 그렇다면 대화를 잘하기 위해서는 어떻게 해야 할까요? 먼저 아내의 관심사에 흥미를 갖도록 노력하십시오. 그리고 일방적으로 대화하지 말고 대화 시간을 비교적 공평하게 배분하십시오. 대화를 통해 아내를 알고 탐구하며 또 남편 자신을 알리도록 하면 좋습니다. 듣는 자세 또한 중요한데 아내가 말할 때 딴전을 피우지 말고 연애 시절처럼 집중해야 합니다. 남편은 아내의 대화 파트너가 되어 주지 않으면서 아내에게 좋은 성 파트너가 되기를 기대해서는 안 됩니다.

셋째, 자기의 상황을 솔직히 이야기하는 것

아내는 남편이 전적으로 자신을 신뢰하기를 원합니다.

남편이 크고 작은 일을 숨기는 것은 아내를 불안하게 만듭니다. 따라서 서로 정직해야 합니다. 정확하게 자신이 원하는 바를 말하고 정직하게 반응해야 합니다. 성경은 "둘이 하나되어"라고 했습니다. 정직과 협조 없이 좋은 부부생활은 없습니다.

넷째, 재정적으로 안정감을 주는 것

아내는 재정적으로 궁색함이 없도록 남편이 조치해 주기를 바랍니다. 아내가 함께 직장생활을 한다 해도 가정의 재정에 대한 책임을 아내가 무겁게 져서는 안 됩니다. 가계에서 필요한 예산과 희망 예산을 세우십시오. 월세 또는 대출금은 예산의 25퍼센트보다 적어야 하고, 식비는 20퍼센트를 넘지 않아야 합니다. 전기세 수도세 통신비 의류비 차량비 의료비 미용비는 30퍼센트를 넘지 않아야 하고, 헌금 선물 교육비 여가비 가구 구입비 주택 개선비는 25퍼센트를 넘지 않아야 합니다. 가계의 예산을 살펴보고 불필요한 소비 항목은 솎아 버리십시오. 적어도 6개월은 계속해야 소비 습관을 바로잡을 수 있습니다.

아내가 필요 예산과 희망 예산의 차이점을 이해하게 되면 가계의 소비 수준을 하향 조정하더라도 남편에게 불평하지 않습니다. 오히려 서로 간에 신뢰가 두터워지고 건강한 소비 습관을 이루어 가계가 탄탄해집니다. 소득이 절대 예산에 못 미친다면 남편은 소득을 늘리기 위해 기술과 자기 발전에 진심으로 노력해야 합니다. 그러나 물질이 많은 가정보다 부족해도 아껴 쓰고 서로 사랑하는 가정이 더 행복합니다. 가정의 행복은 물질의 유무에 있지 않습니다.

=== 다섯째, 가정에 헌신하는 것

아내는 남편이 가장이자 아버지로서 적합한 역할을 해 주기를 바랍니다. 가장으로서 리더십을 발휘하고 자녀의 훈육에도 중심적인 역할을 해 주기를 기대합니다. 잠언 22장 6절에는 "마땅히 행할 길을 아이에게 가르치라 그리하면 늙어도 그것을 떠나지 아니하리라"라고 했습니다. 아버지는 아이들에게 깊은 영향을 미칩니다. 즉 남편이 아버지로서의 책임을 잘 감당해야 합니다. 남편이 이 역할을 감당하지 못하면 아내는 할아버지나 다른 남성을 통하여 그러한 필요를 채우려 할 것입니다.

그리고 아내는 남편이 친정 식구들과 좋은 관계를 갖기를 바라며 가족과 시간을 많이 보내기를 바랍니다. 저녁

식탁에 함께하여 이야기를 나누거나 가정예배를 드리거나 아이들이 잠들기 전에 책을 읽어 주거나 숙제를 도와주기를 기대합니다.

아내에게 육아나 집안일을 맡기고 전혀 신경 쓰지 않는 것은 가정을 무너뜨리는 일입니다. 남편의 영어인 husband는 house+band, 즉 가정의 울타리입니다. 하나님은 아내와 자녀를 잘 돌보는 책임을 남편에게 물으실 것입니다.

남자와 여자는 만족의 기준이 다릅니다

남자와 여자의 차이는 성관계를 할 때도 나타납니다. 남자와 여자는 성을 받아들이는 자세와 마음, 성관계로 채우고자 하는 욕구, 성감대, 오르가슴에 이르는 시간 등 많은 것이 다릅니다. 그런데 이것을 모르니 남편은 아내에게 짐승이 되고 아내는 남편에게 목석이 되어 가는 것입니다.

성 문제가 나타날 때 모른 척, 안 그런 척하며 시간만 보내다가 마음에 치명적인 상처를 해결하지 못한 채 결국 파경에 이르지 말고, 서로에 대해 알려는 노력을 해야 합니다. 남편의 욕구를 채우기 위해, 아내의 즐거움을 위해 남녀의 성 차이를 알아야 합니다.

남자와 여자의 성 차이

내용	남성	여성
지향	육체적 부분적 육체적 일체 다양성 성이 우선적임	관계 중심적 전체적 감각의 일체 안정성 다른 것이 더 우선적일 수 있음
자극	시각, 후각 육체 중심	촉각, 청각(언어) 인격 중심
욕구	존경, 칭찬 육체적 욕구 가라앉히기 힘듦	이해, 사랑 감정적 욕구 시간이 걸림
성적 반응	비주기적 빠른 흥분 대체로 주도자 전환이 어려움	주기적 서서히 흥분 대체로 반응자 쉽게 전환됨
쾌감의 절정 (오르가슴)	사정, 짧고 격렬한 육체 지향적 절정은 보통 만족을 위해 필요	합일의 체험이 길고 좀 더 깊은 감정 지향적 절정 없이도 만족이 가능

남자는 보이는 것에 매우 약한 존재입니다. 예쁘거나 섹시한 여자가 지나가면 남자는 자동으로 눈이 돌아가는데, 이는 본능입니다. 그러므로 남자더러 '늑대', '짐승'이라며 혐오할 일이 아닙니다. 오히려 아무 관심도 보이지 않는

남자가 이상한 것입니다. 남자들이 야동이나 야한 잡지를 즐겨 보는 것도 바로 이런 이유에서입니다.

그래서 남편은 아내가 항상 아름답고 매력적이길 원하는 것입니다. 눈이 예민하기 때문입니다. 만일 포르노라든지 음란 사이트라든지 이상한 영화를 보는 형제가 있다면 당장 그만 보십시오. 아내만 보십시오. 남자들이 눈 때문에 범죄하는 경우가 얼마나 많습니까.

성경에도 성적 유혹을 받았을 때 이기는 사람이 있는가 하면 무너진 사람도 있습니다. 이긴 사람은 요셉이요 무너진 사람은 다윗입니다. 다윗과 요셉 중 누가 신앙이 좋을까요? 다윗이라 하고 싶은데 넘어져서 혼란스럽죠? 둘 다 신앙이 좋습니다. 예수님의 모델이라고 할 수 있는 사람들입니다. 그런데 요셉은 유혹을 이겨 냈는데 다윗은 왜 무너졌습니까? 이건 신앙의 수준에 차이가 있어서가 아니라 성적인 면만 조명해 본다면 요셉을 유혹하던 보디발의 아내의 기술에 문제가 있는 겁니다.

그녀는 남자를 유혹하는 방법을 몰랐다고 할 수 있습니다. 나이도 많은 여자가 옷을 치렁치렁 입고 "요셉아 자자. 자자" 하면 남자들은 유혹 받는 게 아니라 징그럽다고 느낍니다. "사모님 왜 이러십니까? 체통을 지키세요" 합니다. 옷을 빼앗기는 한이 있더라도 피해 버립니다.

그런데 밧세바는 그녀가 다윗을 유혹했다는 직접적인 언급은 없지만 그 정황은 포착할 수 있습니다. 사무엘하 11장 1-4절을 보면, 밧세바는 남편은 군대 가고 없고 아기도 없는 젊은 여자입니다. 다윗 궁전 옆에 집이 있었다는 것은 재력을 갖췄다고 볼 수 있습니다. 재력이 있는 큰 집에서 젊은 여자가 남편도 없이 오랫동안 혼자 있으면 보통은 무서움을 느낍니다. 여자들은 목욕을 어떻게 합니까? 남이 안 보는 곳에서 합니다. 그런데 밧세바는 왕과 내시가 볼 수 있는 데서 목욕을 했습니다. 다윗이 "심히 아름다워 보이는지라"(삼하 11:2) 했다는 것은 환히 보이는 데서 목욕한 것입니다. 밧세바가 다윗의 눈을 자극한 것입니다. 그녀가 작정한 것인지 아닌지는 알 수 없지만 결론적으로 다윗은 그 눈의 유혹에 넘어졌습니다.

아내는 남편의 눈을 기쁘게 해 줘야 합니다. 그런데 한국 여자는 정반대로 하는 경우가 많습니다. 밖에 나갈 때는 화장도 하고 옷도 예쁘게 꾸며 입는데, 집에서는 화장도 지우고 다 늘어난 편안한 옷을 입고 머리는 헝클어져서 전혀 꾸미지 않습니다. 이것은 남편에게 절망감을 주는 무서운 범죄 행위입니다. 남편을 위해서 집에서도 단정한 모습으로 있는 것이 좋습니다. 그리고 남편과 관계를 원할 때는 남편의 시각을 사로잡아야 합니다. 아무리 고단해도 아내가 아름답게 하고 있으면 남편은 금방 성욕이 오릅니다.

어떤 남자는 고단해서 "건들지 마. TV 볼 거야" 합니다. 그러면 아내는 "나 하고 싶어. 합시다. 합시다" 합니다. 그렇게 직설적으로 덤비면 남편이 "사탄아 물러가라" 합니다. 이렇게 저돌적으로 들이대면 안 됩니다.

방법을 알려 드리겠습니다. TV 보고 있는 남편 앞에서 란제리 한 장만 걸치고 왔다갔다 해 보십시오. 그 모습을 보고 가만 있을 남편은 없습니다. 이것이 기술입니다. 부부는 그렇게 할 수 있습니다. 그래서 서로 상대방을 알아야 합니다.

반면 여자는 시각에 민감하지 않습니다. TV를 볼 땐 잘생긴 남자를 좋아하더라도 남자친구나 남편을 선택할 땐 성품, 능력 등을 고려합니다. 그러면 여자는 무엇에 예민할까요? 여자는 말이 많습니다. 남자는 하루에 1만 2천 마디, 여자는 하루에 2만 5천 마디를 한다고 합니다. 무슨 이야기를 하는지는 모르지만 많은 이야기를 합니다. 여자들 이야기를 가만 들어 보세요. 깔깔 웃으며 두 시간 동안 이야기하는데 결론도 없고 해답도 없습니다. 대부분의 수다가 국제평화와 남북통일에는 도움이 안 됩니다.

나도 처음에는 여자들이 몇 시간이나 쉬지 않고 대화할 수 있다는 사실이 정말 이해가 되지 않았습니다. 쓸데없는 이야기를 한다고 생각했습니다. 그런데 가만히 보니 이 대화가 여자들의 욕구와 깊이 관계되어 있다는 것을 알았습니다. 여자들은 대부분 청각과 촉각에 예민합니다. 남자가 시각적인 것에 쉽게 유혹을 받는 것처럼, 여자들은 달콤한 귓속말에 쉽게 유혹을 받습니다. 그래서 대화가 잘 통하는 상대, 특히 정말 사랑하는 상대와 오랫동안 이야기 나누기를 원합니다. 대화를 통해 큰 만족과 보람을 느낍니다. 대화의 주제는 상관이 없습니다. 남편이 아내를 칭찬해 줘야 하는 이유가 바로 이것입니다.

"당신 너무 예쁘다. 당신 때문에 정신을 못 차리겠다. 내 눈엔 전지현, 송혜교보다 더 예뻐."

여자들은 스스로 자신이 예쁘다고 생각해야 "내 몸매 어때? 예쁘지?" 하고 보여 줍니다. 무식한 남편은 아내의 약점을 지적합니다. "똥배가 너무 나왔어." 그러니 아내가 열 받을 수밖에요. "사탄아 물러가라" 하고 철갑을 두르고 다신 안 보여 주는 겁니다. 아내를 격려해 주고 칭찬해 주어야 아내는 행복해집니다.

그리고 여자는 피부 민감도가 10배나 강합니다. 그래서 쓰다듬으면서 애무해 주어야 합니다. "당신 피부가 너무 매끄럽고 사랑스럽네. 당신 같은 여잔 없어" 하고 칭찬해야 합니다. 아내는 그 말을 다 안 믿지만 자길 예쁘게 봐주는 남편이 고마워서 감격합니다. 이런 것들을 알아야 합니다. 이것이 서로를 섬기는 방법입니다.

남자는 후각이 발달했습니다. 그래서 향긋한 냄새에 마음을 빼앗깁니다. 또한 남자는 존경과 칭찬을 받을 때 기운이 납니다. 그래서 격려해 주고 칭찬해 주는 여자에게 마음을 엽니다.

반면 여자는 관계 중심적입니다. 그래서 말을 많이 하고 대화하기를 좋아합니다. 인생의 고민과 사소한 일상을 나누는 것을 중요하게 생각합니다. 데이트할 때 이성이 자기 이야기를 끝까지 들어 주고 고개를 끄덕여 주는 것만으로도 마음의 문을 엽니다. 여자는 이해와 사랑이 필요합니다.

남자는 육체 지향적이며, 성욕을 수시로 느끼고 빠르게 흥분합니다. 성욕이 오르면 해소되기 전까지는 가라앉히기 힘듭니다. 남자는 대체로 성을 주도하며 사정을 하면 성욕이 내려갑니다.

　반면 여자는 인격 중심적이어서 감정의 교감을 중요시합니다. 성욕은 배란일 등에 주기적으로 올라오며 서서히 흥분합니다. 그렇기에 애무를 충분히 해 주어야 성욕이 올라갑니다. 여자는 주로 반응자이며 성욕이 쉽게 전환됩니다. 여자는 합일의 체험이 길고 좀 더 감정 지향적입니다. 즉 마음이 열려야 몸이 열립니다. 그리고 성관계의 절정 없이도 만족이 가능합니다.

　이렇게 남자의 성과 여자의 성이 너무 다르기에 부부는 서로 대화하며 나 자신의 만족보다는 상대방의 만족을 위해 섬기는 자세를 가져야 합니다.

　사람들은 속궁합이 맞느니, 안 맞느니 하지만 속궁합이라는 건 없습니다. 속궁합은 다 맞습니다. 다만 성생활의 테크닉이 필요할 뿐입니다.

재미로 보는 남자와 여자의 뇌구조

아직도 "도대체 남자는 왜 그래?", "여자 속은 알다가도 모르겠어"라고 말합니까? 남자와 여자는 사고방식에도 큰 차이가 있습니다. 그 차이를 깨닫는다면 서로를 이해하는 데 좀 더 수월하지 않을까요? 그런 의미에서 남자와 여자의 뇌구조를 한번 들여다봅시다.

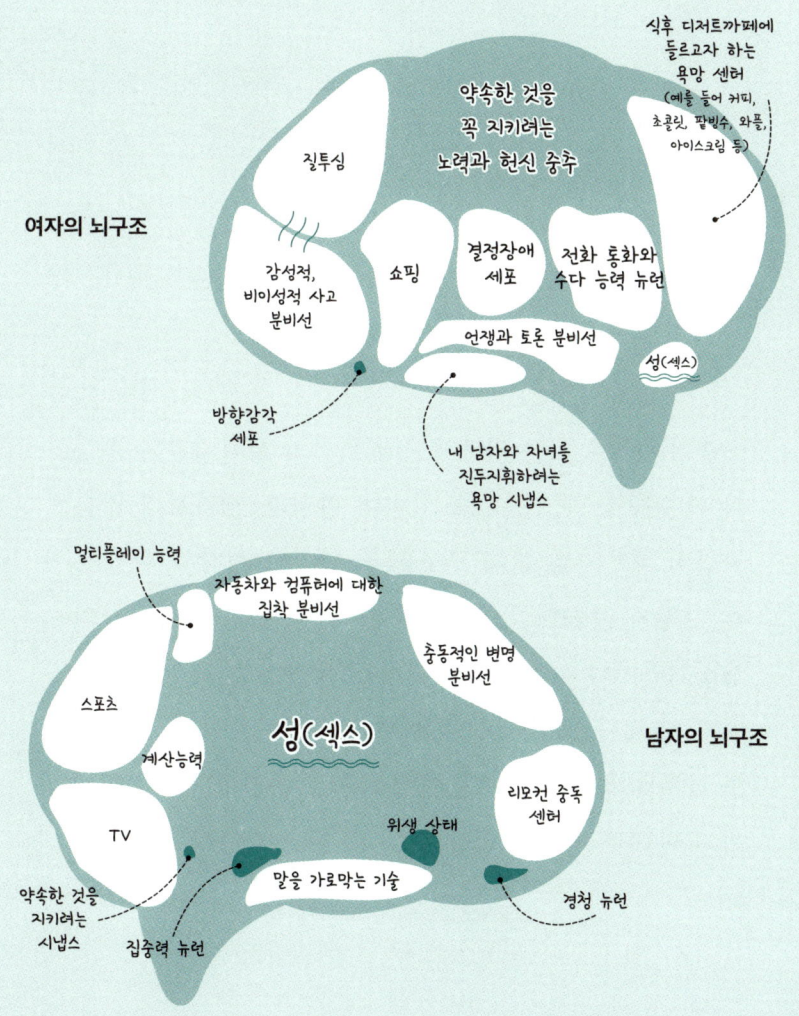

chapter 4

알아야
즐겁습니다

 즐거운 성관계를 위해서는 배우자의 생식기관의 특징과 만족을 느끼는 부위를 알아야 합니다. 생각보다 많은 사람이 배우자의 신체 구조를 잘 안다고 생각하지만, 사실 그렇지 않습니다. 심지어 크리스천 여성들은 자신의 생식기관이나 성감대에 대해서도 잘 모르는 경우가 많습니다. 그렇다 보니 남성들은 여성의 질이나 예민한 부위를 아무렇게나 애무하고, 여성들은 그 손길이 고통스럽기까지 한데도 어찌할 바를 모른 채 참고 지나가거나 무턱

대고 만지지 못하게 하는 일이 다반사입니다.

그러나 배우자의 생식기관의 명칭과 특징을 제대로 알고 있으면 성관계가 더욱 즐거워집니다. 그뿐만 아니라 내 몸의 성감대에 대해서도 제대로 알고 있어야 혹여 배우자가 제대로 애무하지 못할 때는 어떻게 해 달라고 요구할 수 있습니다.

이번 장에서는 여성과 남성의 생식기관의 명칭과 특징을 자세히 알아보도록 하겠습니다. 이 장을 통해 남편들은 아내의 예민한 성감대를 더욱 소중히 다뤄 주고 아내 역시 남편을 즐겁게 해 줄 수 있기 바랍니다.

여자의 생식기관

여자의 생식기는 크게 외음부와 내음부로 나뉩니다. 내음부는 2개의 난소, 2개의 수란관, 자궁 그리고 질로 구성되어 있습니다. 여기서는 풍성한 성생활을 위한 부분만 기록하겠습니다.

══ 질

매우 탄력 있고 칼집 같은 관으로, 몸에 숨겨져 있는 생식기관들로 통하는 통로 구실을 합니다. 질의 내벽은 매우 촘촘한 주름으로 되어 있지요. 보통 7.5~12.5센티미터 길이이고, 남자의 성기인 음경을 받아들일 수 있도록 넓어집니다. 질은 출산 시에 아기가 나오는 길이기도 합니다. 질 바깥쪽 입구에는 감각신경이 모여 있는데 외부에서 자극을 하면 흥분됩니다.

질 입구는 괄약근으로 둘러싸여 있습니다. 괄약근은 의도적으로 바싹 조일 수도 있고 이완할 수도 있습니다. 그래서 케겔 운동을 하면 괄약근이 튼튼해져 요실금을 방지할 뿐만 아니라 성관계도 좋아집니다(케겔 운동에 대해서는 이 책 188쪽에 더욱 자세히 설명했습니다).

여자는 질이 매끄럽게 될 경우 흥분합니다. 이곳에는 바톨린선이 있어서 흥분하면 맑고 끈적한 오일 같은 액체가 나와서 촉촉해지고 음경이 잘 삽입되도록 도와줍니다.

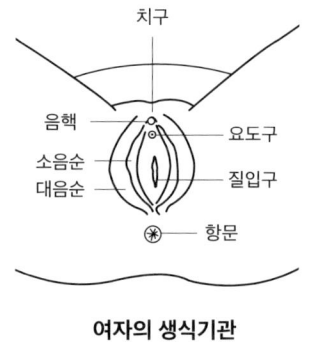

여자의 생식기관

음핵

음핵은 '클리토리스'라고도 하는데, 라틴어로 '에워싸여 있는 것'이란 뜻입니다. 음핵에는 가장 많은 신경과 혈관이 분포되어 있어 음핵을 충분히 자극하는 것만으로도 오르가슴을 경험할 수 있습니다. 하나님은 여자가 성적 만족을 누릴 수 있도록 은밀한 곳에 선물로 음핵을 주셨습니다.

소음순

평행을 이루는 두 겹의 층으로, 위로는 음핵 덮개와 연결되어 있으며 질 입구의 바로 위와 옆을 둘러싸고 있습니다. 매끄럽고 털이 없으며 부드러운 조직으로 되어 있어 소음순을 부드럽게 어루만지면 흥분이 됩니다. 소음순 속에는 많은 피지선이 발달되어 있고, 외부 자극에 민감하게 반응하며 성적 자극을 받으면 팽창합니다. 그래서 성교 시에 흥분이 되면 정상 두께의 두세 배로 두꺼워집니다.

대음순

작은 언덕처럼 보이며 질을 외부에서 보호하는 역할을 하지만 자극에 예민하지는 않습니다. 여자의 성기를 외부에서 덮어 줌으로써 성기 전체를 보호하며 또 털로 덮여 있어서 비밀스러운 느낌을 줍니다. 많은 남자가 이것을 보고도 성적인 충동을 느낍니다.

치구

불두덩이라고도 하며 지방질로 된 일종의 작은 쿠션입니다. 이 부분을 애무하면 아주 만족스런 느낌이 듭니다.

처녀막

질 입구의 전체 또는 부분을 덮고 있는 견고한 결체조직의 막입니다. 질 벽을 둥글게 덮고 있으며 가운데가 뚫려 있어 월경 때가 되면 이곳을 통해 피가 질 밖으로 배출됩니다.

처녀막은 성관계를 하거나 심한 운동을 할 때, 또는 외부의 충격이 있을 때 쉽게 파열될 수 있습니다. 처녀막이 파열되면 통증을 느끼고 출혈도 생기지만 대부분 자연 치유됩니다.

그러나 이러한 현상은 사람마다 다릅니다. 처녀막의 모양은 완전히 막혀 있기도 하고, 태어날 때부터 거의 없는 여성도 있습니다. 어떤 사람은 파열이 되어도 아무런 출혈도, 통증도 없는가 하면 어떤 여성은 여러 차례 성관계를 해야 파열될 정도로 단단하기도 합니다.

  흔히 남자들은 처녀막이 여성의 처녀성을 상징한다고 생각합니다. 그래서 결혼 후 첫날밤 성관계를 하고 혈흔이 있느냐 없느냐를 따지며 아내의 순수성을 판단하려는 남자들도 있습니다. 그렇다 보니 일부 여성들은 결혼 전에 처녀막 복원 수술을 하기도 합니다. 그러나 이는 처녀막에 대한 오해와 무지에서 비롯한 일들입니다. 첫날밤의 혈흔 여부로 아내의 처녀성을 확인할 수 없습니다. 위에서 말한 것처럼 처녀막은 사람마다 다르고 다양하기 때문입니다. 아내의 처녀성을 따지기 전에 아내를 아끼고 사

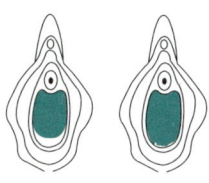

처녀막이 파열되거나 거의 없는 여성의 성기

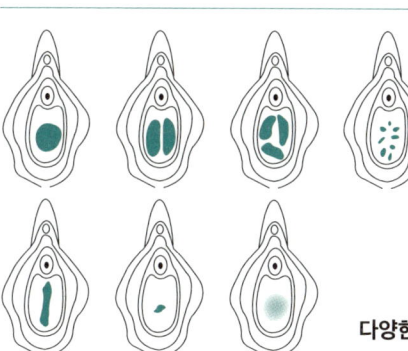

다양한 모양의 처녀막

랑하려는 마음가짐이 선행되어야 할 것입니다.

남자의 생식기관

남자는 크게 음경과 고환과 전립선 및 정낭으로 나눌 수 있습니다.

═ 음경과 귀두

정신적, 신체적 자극을 받으면 커져서 빳빳해지거나 곧추섭니다. 음경의 머리를 귀두라고 하는데, 성적 자극을 받으면 매우 예민해집니다. 귀두에는 신경이 많이 있는데 이 말초 신경이 성관계 시에 긴장을 고조시킴으로써 오르가슴이 일어나게 합니다. 발기한 귀두의 가장자리는 좀 더 딱딱해지기 때문에 여자를 더 자극시키는 역할을 합니다.

음경의 길이는 다양하지만 발기한 음경의 길이는 대개 10센티미터 정도입니다. 음경의 길이나 크기는 아내를 자극하는 데나 남편의 만족감에 아무 상관이 없습니다. 음경이 커야 정력이 뛰어나다는 생각 또한 오해입니다. 성기의 크기는 인종과 민족에 따라 차이가 있으나 크기보다는 음핵을 자극시키는 성적 테크닉이 여자의 오르가슴을 결정합니다. 그러므로 크기 문제로 고민하는 분이 있다면 안심하십시오. 오히려 너무 큰 음경은 일상생활에 불편을 줍니다.

정액

고환은 정자를 하루에도 7천만 개나 만들어서 정낭 속으로 들어가고 전립선에서는 끈적한 하얀 액체가 만들어져서 정낭으로 들어가서 정자를 감쌉니다. 이것을 정액이라고 합니다. 이 정액은 계속 만들어져서 정낭 속에 간직되어 있습니다. 그리고 성관계 시 정낭이 수축하면 그 속에 있는 정액이 음경을 통해 사출됩니다. 이것을 사정이라고 합니다.

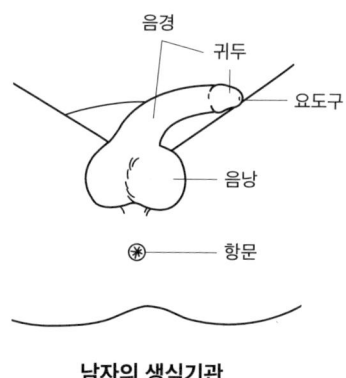

남자의 생식기관

chapter 5

청소년, 이 정도는 알아야 할 나이입니다

어린이는 남녀 구분 없이 잘 지내다가 사춘기에 들어서면서부터 남자와 여자의 차이를 알게 되고, 남자와 여자의 몸의 변화를 알게 됩니다. 이때 신체적, 정서적 변화로 혼돈의 시간을 많이 겪습니다. 장난도 잘 치고 잘 놀던 친구가 갑자기 이성으로 느껴져 얼굴이 빨개지기도 하고, 약간의 스킨십에 마음이 들뜨기도 듭니다.

사춘기의 성 충동은 죄가 아닙니다

사춘기가 되면 남자의 뇌에 있는 뇌하수체에서 호르몬이 발생합니다. 그 호르몬이 활성화되면서 고환에 작용합니다. 그러면 고환에서 남성호르몬인 테스토스테론을 만들고 이 안에서 매일 7천만 개의 정자가 형성됩니다. 이 에너지가 남자를 남자답게 만들어 줍니다. 사춘기가 되면 수염이 나기 시작하고 힘도 세집니다. 예쁜 걸그룹을 보면 흥분하고, 좋아하는 여자를 보면 열병이 듭니다. 뿐만 아니라 여자를 놓고 여러 상상에 젖습니다. '가슴은 어떻게 생겼을까?', '몸매는 어떻지?' 하며 상상의 나래를 펼치거나 음란한 동영상이나 사진 등에 심취하기도 합니다. 청소년 시기에는 테스토스테론이 가장 왕성하게 발산되는데 성인보다 20배나 높게 나옵니다. 때문에 몽정을 하여 배설하기도 하고, 길거리에서 야한 차림의 여자를 보아도 강한 성 충동을 느낍니다. 이것은 너무나 자연스러운 현상입니다. 죄책감을 가질 필요가 없습니다.

여자도 사춘기가 되면 여성호르몬인 에스트로겐이 분비되면서 얼굴선과 몸선이 부드러워집니다. 호르몬이 난소에 작용해서 난자를 만들어 냅니다. 여자의 뱃속에는 30만~40만 개의 난자가 있고, 그중 한 난자가 한 달에 한

번씩 배란을 합니다. 일생 동안 400개 정도의 난자가 배란 됩니다. 이때 여자의 몸은 자궁내막이 두꺼워지면서 수정란이 자궁에서 착상이 되도록 준비하는데, 정자와의 만남이 없으면 수정이 되지 않습니다. 이 신호와 함께 뇌에서 이번 달도 임신이 안 되었다고 자궁내막에 신호를 보냅니다. 그러면 자궁내막은 더 이상 필요가 없으니 밖으로 배출됩니다. 이것이 바로 한 달에 한 번 하는 월경입니다.

여자는 월경이 시작되는 때부터 더욱 청결하게 씻어야 합니다. 남자와 달리 여자의 성기 구조는 지저분해지기 쉽습니다. 성기 주변이 자주 젖을 뿐 아니라 항문도 근처에 있기 때문입니다. 그래서 뒷물과 샤워 등으로 매일 씻어야 청결을 유지할 수 있습니다.

자위행위는 죄일까요?

청소년 강의를 할 때 가장 많이 받는 질문이 '자위행위가 죄인가'입니다. 미국에서는 95퍼센트의 남자와 85퍼센트의 여자가 자위행위를 한다는 통계도 있습니다.

성경에는 자위행위에 대한 기록이 없습니다. 그래서 이것을 두고 '죄다', '아니다'라고 단정짓기가 힘듭니다. 나는 자위행위 자체가 죄는 아니라고 생각합니다. 그러나 죄가 될 가능성이 많기에 주의해야 합니다. 자위행위를 할 때 상상하면서 즐기기 때문입니다. 어떤 특정한 대상과 성관계하는 걸 상상하면서 자위를 한다든지, 특정 대상과 애무를 하는 상상을 하면, 음욕을 품는 것이 됩니다.

> 나는 너희에게 이르노니 음욕을 품고 여자를 보는 자마다 마음에 이미 간음하였느니라 마 5:28

마틴 루터가 이야기했듯이, 머리 위로 지나가는 새 그림자는 막을 수가 없습니다. 새 그림자는 유혹이라고 할 수 있습니다. 그러나 새가 머리에 앉아 둥우리를 트는 건 막아야 합니다. 둥우리를 트는 게 바로 음욕입니다.

그런데 요즘 청소년들 중에서도 신앙 좋은 청년들이 유혹을 받는 것만 가지고도 죄책감에 빠지는 경우가 많습니다. 자기가 너무나 음란한 사람이라고 죄책감에 사로잡히는 겁니다. 그래서 자기를 더럽다 여기고 상상을 안 하려 하는데, 그래도 생각이 나니 괴롭습니다. 그러나 홀로 영화를 보며 상상하고 즐기고 빠져 버리면 음욕이지만, 슬쩍 보면서 성적 유혹을 받는 건 괜찮습니다.

미국에 헌팅턴 비치라는 바닷가에 부모님, 아내와 함께

놀러 갔습니다. 나는 바닷가 의자에 앉아 책을 보고 있는데 내 앞에 예쁜 여자 둘이 지나갔습니다. 십대 백인 여자아이였는데 비키니를 입어 몸매가 다 드러났습니다. 나는 아내를 툭 치며 "참 예쁘다. 비너스 같다. 한번 만졌으면 좋겠다"라고 말했습니다. 아내는 내게 "눈 돌려!" 했습니다.

나는 그때 음욕을 품은 걸까요? 이 질문을 하면 대개 음욕을 품었다고 대답합니다. 그러나 이것은 음욕이 아니라 유혹입니다.

예쁜 여자를 보고도 전혀 보고 싶지도, 만지고 싶지도 않은 남자는 두 종류밖에 없습니다. 첫째는 두 살 먹은 남자아이, 나머지는 아파서 죽어 가는 남자입니다. 건강한 남자는 보아도 또 보고 싶고 만지고 싶은 게 당연합니다. 그러면 음욕은 무엇입니까? 음욕은 마음으로 받아들이고 그 여자와 성관계를 하거나 애무하는 걸 상상하는 것, 성적 판타지(황홀경)에 빠지는 것입니다. 직접 관계를 갖지 않았더라도 마음속으로 이런 상상을 하는 건 음욕을 품은 것입니다. 이런 상황이 올 때 보고 싶고 만지고 싶은 마음을 물리쳐야 합니다. 그래서 나는 해수욕장을 잘 가지 않습니다.

내가 유혹과 음욕의 차이를 이야기하면 청소년들이 자유함을 얻는다고 말합니다. '내가 음란한 사람이 아니구나, 남자는 다 그렇구나' 하며 안도의 숨을 쉬는 것이지요. 예쁜 여자를 보면 유혹을 느낄 수밖에 없습니다. 여자들도 길을 가다 시선을 끄는 여자에게 자동으로 시선이 돌아가는데 남자들은 오죽하겠습니까.

남자는 눈이 다 돌아갑니다. 전쟁을 치르는 것이지요. 삼손이나 다윗이 눈으로 보고 넘어간 겁니다. 자꾸 상상이 되고 유혹을 받을 때는 생각을 전환해야 합니다.

나는 하루에 자위행위를 30번 하는 사람을 상담해 봤습니다. 그는 하루 종일 야동을 본다고 했습니다. 보고 자위행위 하고, 또 보고 자위행위 하고… 이렇게 30번 사정을 한다는 것입니다. 야동을 보면 그렇게 될 수밖에 없습니다. 제일 좋은 방법은 도망가야 합니다. 요셉처럼 도망가야지 도망도 안 가고 "주여 어찌하오리까" 하면 상황이 복잡해집니다. 야동을 보는 대신 성경 말씀을 묵상하거나 스포츠 등으로 생각을 돌려야 합니다.

여자는 어떨까요? 여자들도 자위행위를 합니다. 자기 성기를 만지며 흥분하는 겁니다. 처음엔 다리를 비비꼽니다. 그다음엔 손으로 만지고 더 심해지면 기구를 사용하기도 합니다. 내가 병원 인턴 생활을 할 때 기구 사용 부작용으로 응급실에 온 여자들도 보았습니다. 여자들은 성에 관심 없는 듯 보이지만 반드시 그렇지는 않습니다. 여자들도 자위행위를 하는데 말을 못한 것뿐입니다.

송인규 교수는 《고립된 성》에서 자위행위에 대해 자세히 기록했습니다. 교수님 자신이 오랜 시간을 독신으로 보냈기에 성에 대해, 특히 자위행위에 대해 고뇌하고 경험한 것을 적어 놓은 것입니다.

송인규 교수는 자위행위의 좋은 점과 나쁜 점을 다음과 같이 정리했습니다.

자위행위의 좋은 점은 첫째, 개인의 신체적 고통이나 심리적 긴장 완화에 도움이 됩니다. 둘째, 성적 자아 발견의 수단이 됩니다. 인간은 자기 몸에 대한 호기심이 있는데 자기 몸을 탐구함으로써 자신감과 자존감이 높아집니다. 셋째, 의료적인 목적이나 연구 때문에 자위행위가 요구됩니다. 이것은 어떤 대상의 정액을 채취해야 하는 경우에 필요한 것인데, 인공수정이나 질병 검사가 대표적인 예입니다. 넷째, 자위행위는 성적 문제를 가진 이들을 도와주는 자가 치료법 역할을 합니다. 다섯째, 합법적인 성적 교분의 대상이 없을 때 대체 성행위로서 구실하고 더 심한 성적 죄악

예방에 도움이 됩니다. 비혼자나 이혼자 등 성적 대상이 없을 때 성적인 죄를 예방하는 이점이 있습니다.

나쁜 점은 다음과 같습니다. 첫째, 신체에 피해는 없으나 습관성, 중독성이 있으니 삼가야 합니다. 둘째, 심리적 측면에서는 도피 심리, 보상 심리, 죄의식이 듭니다. 그리고 죄악된 유형의 성적 공상을 일으킵니다. 셋째, 외설이나 포르노 등으로 연결될 수 있고 이는 음욕을 동반합니다. 넷째, 영적인 죄책감 등으로 하나님과의 관계나 교제가 어려워집니다.

송인규 교수는 계속해서 자위행위에 대해 성도들이 어떤 태도를 가져야 하는지를 설명합니다.

1. 성적 자아의 수납

> 내가 말하노니 그리스도께서 하나님의 진실하심을 위하여 할례의 추종자가 되셨으니 이는 조상들에게 주신 약속들을 견고하게 하시고 롬 15:8

예수님이 우리를 수납하셨으니 우리도 자신을 수납함

이 마땅합니다. 이는 영적 자아(spiritual self)와 심리적 자아(psychological self)뿐 아니라 신체적 자아(physical self)나 성적 자아(sexual self)도 포함됩니다. 고로 편견을 버리고 성적(남녀)인 나를 기뻐하고 감사하고 즐기고 누리십시오.

2. 미혼자와 성적 욕구의 처리

미혼자가 성적 욕구를 처리하는 다섯 가지 방안이 있는데 (1) 결혼 (2) 혼전 성행위 (3) 몽정 (4) 자위행위 (5) 승화입니다. 결혼은 좋습니다. 적극 권장합니다. 하지만 혼전 성행위는 안 됩니다. 이는 간음이기 때문입니다. 몽정(wet dream)은 해도 괜찮습니다. 그리고 자위행위는 현실적인 상황입니다. 다만 음욕을 조심해야 합니다. 성적 욕구는 승화하십시오. 이는 운동이나 정신 수련 등으로 성욕을 멈추거나 불태울 수 있습니다.

3. 다양한 수용 패턴

자위행위에 대한 크리스천의 반응을 결정짓는 데는 (1) 개인의 영성, 신앙적 성숙 정도 (2) 성적 교분의 대상자 여부 (3) 인생 경험과 연륜 (4) 개인 특유의 기질, 확신,

결심, 고집 등의 형성 요인이 있습니다. 이 네 가지 형성 요인으로 인해 크리스천은 자위행위에 대해 세 가지 입장이 대두됩니다. 투사형, 순응형, 개방형입니다.

(1) 투사형
승화를 성적 이상과 목표로 둡니다. 이들은 인생에 주어진 성적 욕구와 충동들이 하나님의 도우심과 인간의 노력으로 극복된다는 유형입니다. 이들은 기도와 간구, 회개와 결단과 성숙으로 이겨 냅니다.

(2) 순응형
승화가 이상적이나 현실을 감안하여 자위행위를 성적 욕구의 대안으로 삼습니다. 이 경우가 가장 많습니다.

(3) 개방형
가장 진취적인 입장입니다. 성욕을 합리적으로 처리하는 것을 인정하지만 이는 쾌락주의에 빠질 위험이 있습니다.

송인규 교수는 가장 바람직한 것은 투사형(승화)의 훈련과 그다음 순응형의 절제된 상황에서 개방형으로 발전해 나가면 안전하다고 결론을 맺습니다.

나는 승화를 지향해야 한다고 생각합니다. 음란한 마음이 들 때, 특정 형제나 자매와 성관계 하는 상상을 하게 될 때 나사렛 예수 이름을 사용하여 선포하십시오. 처음엔 꿈쩍도 안 하는 것처럼 보이지만 점점 담대한 마음이 생기고 이길 수 있는 힘이 솟아납니다. 예수 이름을 선포하고 내가 예수님께 속한 사람임을 고백함으로써 싸움을 이겨 내기 바랍니다.

스킨십, 어디까지 괜찮을까요?

자위행위 다음으로 청소년이 고민하는 것이 '스킨십의 경계선은 어디까지인가'입니다. 간단히 이야기하면, 성욕이 생기는 데까지 가면 지나친 겁니다. 상대방도 그렇고 나도 성욕이 생기면 선을 넘어선 겁니다.

스킨십의 순서는 처음에는 손을 잡고, 다음에는 어깨를 껴안고 그다음 키스를 합니다. 키스에도 가벼운 뽀뽀부터 소위 진공청소기 키스라고도 말하는 격렬한 키스까지 여러 종류가 있습니다. 그런 다음 애무가 시작됩니다. 애무도 가벼운 애무는 옷 위로 상대방의 예민한 부분을 만지는 것이고 짙은 애무는 몸 안으로 손을 넣어 예민한 부분을 만지고 혀로도 만지는 것입니다. 그렇게 되면 결국 성관계까지 가게 됩니다.

특히 여성들은 남성의 본성을 알아야 합니다. 상대를 알아야 제대로 대처할 수 있기 때문입니다. 머리로는 어떻게 해야 하는지 잘 알아도 막상 스킨십이 짙어지고 성적 자극을 받으면 생각과 달리 몸의 욕구에 반응하기가 너무 쉽습니다. 불이 붙으면 끄기가 어렵습니다. 특히 남자는 성적 자극을 받으면 오직 성관계 생각뿐입니다. 그래서 "사랑하는데 어때? 너랑 결혼할 거야"하며 성관계를 요구합니다. 이것이 남성의 본성입니다. 이것을 잊지 마십시오. 이성으로 컨트롤하기 어려운 지경까지 나아가면 안됩니다. 미리 이런 상황을 만들지 말아야 합니다. 단둘이 폐쇄적인 공간에 있는 걸 피하십시오. 스킨십도 뽀뽀 이상으로는 안 하는 게 좋습니다. 그 이상은 성욕이 생기기 때문입니다.

중국 코스타에 가서 청소년 코스타 강의를 한 적이 있습니다. 쉬는 시간에 중3 여자아이와 고1 남자아이가 서로 사귀는 사이라며 상담을 하러 왔습니다. 이야기를 들어 보니, 둘이 성격 차이가 심해서 자주 싸운다고 했습니다. 그래서 어떻게 성격 차이를 극복하는지 물어보았습니다. 그들의 이야기를 들으며 나는 간파했습니다. 그래서 물었습니다.

"너희들 성관계 했지?"

그들은 깜짝 놀라더니 곧 "네" 하고 고백했습니다. 성격 차이라고 하니 느낌이 온 것입니다.

"아직 결혼도 하지 않은 청소년이 성관계 하면 하나님이 기뻐하시지 않는 거 알아 몰라?"

"알아요. 그래도 오빠가 너무 좋아해요."

남학생에게 "참기 힘들었니?" 했더니 "못 참겠어요" 했습니다.

남자 청소년들은 야동이나 성 충만한 매체 등에 노출되어 있다 보니 성욕이 넘칩니다. 그뿐이겠습니까? 요즘엔 여학생들 사이에서 소위 '팬픽'이라는 것이 유행인데, 남자 아이돌 가수 멤버들을 짝지어 쓴 소설입니다. 말이 소설이지 그야말로 야설입니다. 동성애를 소재로 하기 때문에 어쩌면 야동보다 더 수위가 높습니다.

십대들이 얼마나 건강하고 아름답습니까? 서로 못 견디는 겁니다. 그래서 쉽게 성관계를 갖습니다. 그러고 나면 수치심을 느끼고, 또 양심에 가책을 느낍니다. 이 아이들도 그래서 나에게 온 것이었습니다. 나는 아이들을 혼냈습니다.

"너희들 임신하면 어떡할 거냐. 큰일 났지? 이러다 곧 임신해!"

남자애한테는 이렇게 말했습니다.

"너 대수롭지 않게 생각하다 크게 책임질 일 생겨. 참아라. 나중에 결혼해서 맘 놓고 해."

세상이 많이 변했습니다. 이런 일이 편만하게 일어나고 있습니다. 요즘은 발육이 잘되어서 청소년이라도 성인의 몸과 다를 바 없습니다. 더 이상 아이가 아닌 것입니다. 요즘 잘 먹으니 얼마나 발육이 잘됩니까. 콜레스테롤이 호르몬을 만듭니다.

나는 사춘기 청소년들에게 이성끼리는 친구로만 지내고 이성 교제를 하지 말라고 권합니다. 무엇보다 공부를 못합니다. 사랑에 빠지면 그 아이를 생각하느라 공부하기 어렵습니다. 그리고 남자애는 여자애와 다르게 성욕이 충만하여 자꾸 스킨십을 요구하고 그 강도가 점점 진해집니다. 이게 정상입니다.

사랑하는 남녀 간에는 결합을 향한 욕구가 충만하게 마련입니다. 사랑에 빠지면 상대의 모든 것을 갖고 싶은 마음이 강하게 듭니다. 처음엔 손부터 잡습니다. 손만 잡아도 전기에 감염된 듯 짜릿합니다. 손을 잡으면 어깨를 껴안습니다. 처음엔 살짝 껴안는데 나중에는 점점 그 강도가 세집니다. 특히 여자의 앞가슴이 남자의 가슴에 닿는 포옹은 얼마나 자극적인지 모릅니다. 키스도 처음엔 뽀뽀 수준으로 가볍게 합니다. 그러다 프렌치 키스를 시도합니다. 서로 입을 벌리고 혀와 숨결을 주고받는 프렌치 키스는 서로를 황홀경으로 이끕니다. 이성은 마비되어 가고 육체적인 쾌감과 욕구만이 서로를 지배합니다. 그러다 성관계까지 가고 마는 것입니다.

사랑하는 감정을 따라 성관계를 하고 나면 큰 파장을 일으킵니다. 성관계는 대개 준비 없이 감정에 따라 즉흥적으로 이루어지는 경우가 많습니다. 로맨틱한 분위기에 빠져 이성적으로 생각하지 못하는 것입니다.

성관계에는 임신이라는 생명의 문제가 걸려 있습니다. 또한 상대방이 성적으로 난잡한 경우 성병에 걸릴 위험도 높습니다. 그리고 헤어질 경우 마음에 입을 상처, 더구나 임신할 경우 태어날 아기에 대한 책임 문제 등 결혼 관계 밖에서 일어나는 문제는 심각합니다.

결혼 관계 밖에서의 로맨틱한 성관계, 그 후엔 어떤 감정이 들까요? 분명 허망함과 죄책감이 올라올 것입니다. 또한 불안함과 두려움도 찾아옵니다.

실제로 인터넷을 조금만 검색해 보면 청소년들의 수많은 질문이 올라옵니다. '어제 남자친구와 성관계를 했는데, 임신 가능성이 있을까요?', '여자친구와 일주일에 한 번씩은 모텔에 가는데, 이번 달 생리를 안 한다고 합니다. 어떻게 해야 할까요?', '아직 고등학생인데 임신을 한 것 같아요. 낙태 수술 해 주는 병원 추천해 주세요' 이런 질문들을 보고 있으면 암담해집니다.

아직 우리 사회는 미혼모에 대해 관대하지 않습니다. 더구나 십대 미혼모라고 하면 색안경부터 끼고 봅니다. 낙태는 법으로도 금지하고 있습니다. 만약 십대 때 이런 경험을 한 청소년이 성인이 되어 다른 사람과 결혼을 하게 되더라도 그에 따른 죄책감은 평생 동안 지워지지 않는 상처로 남게 될 것입니다.

어린아이끼리 바닷가에 가면 바닷속으로 들어갔다가 깊은 물에 빠져 허우적거리게 됩니다. 성도 이와 같습니다. 더 성장하고 절제를 배워야 할 청소년 시기에 제대로 알지도 못한 채 성에 빠져들면 허우적거리게 됩니다. 청소년, 청년 시기엔 바다를 바라보며 감상해야 합니다. 언젠가 함께 수영하게 될 날을 위해서 말입니다.

자녀에게 성을 가르치십시오

옛날 어른들은 자녀가 "나는 어떻게 태어났어요?" 하고 물으면 대답을 못하고 우물쭈물하다가 "다리 밑에서 주워 왔어" 하며 "공부나 해!" 하고 윽박지르기 일쑤였습니다. 이러한 태도는 결코 옳지 않습니다. 성에 대해 솔직하게 이야기해 주고 바른 길로 안내하는 것이 부모의 역할입니다.

청소년 사역을 하는 곽상학 목사는《청소년을 바라보는 지혜를 입어라》에서 학교 현장에서 만난 청소년들이 성에 대해 어떤 궁금증을 갖고 있는지를 설명했습니다. 그중 몇 가지만 보면 이렇습니다.

"관계가 끝나고 나면 어떤 느낌이에요?", "성관계할 때 생각보다 빨리 끝나던데, 힘들어서 그런가요?", "여자들이 신음을 하는 이유는요?", "여자를 만족시키려면 어떻게 해야 해요?", "자위행위는 나쁜 건가요?", "중딩 커플 스킨십 수위는 어디까진가요?", "결혼할 사람이 아니라도 성관계를 맺을 때 피임만 잘하면 문제없죠?", "성적인 생각을 많이 해도 괜찮나요?", "키스할 때 왜 혀가 왔다갔다 하나요?"

어떻습니까? 우리 아이들은 이제 "다리 밑에서 주워 왔다"는 말로 끝낼 수 없습니다. 공부나 하라고 윽박질러서도 안 됩니다. 그러면 어떻게 해야 할까요? 곽상학 목사는 거실에서 아이들과 함께 드라마를 보다가 낯 뜨거운 장면이 나올 때 "너 숙제는 다했어? 방에 들어가 숙제하고 책이나 봐"하며 쫓아내지 말고 섹스 토크할 기회로 여기고 이때 자녀에게 성교육을 하라고 조언합니다. 아이들에게 가르치지 않으면 음지에서 잘못된 성을 배울 것이기 때문입니다.

성이 충만한 세상이기에 뱀처럼 지혜롭고 비둘기처럼 순결해야 합니다. 쉬쉬하고 감추는 건 어리석은 일입니다. 세상 사람들은 유혹하는 데 얼마나 기가 막힌 테크닉을 갖고 있는지 모릅니다. 교회 안에서 순진하게 자라는 자녀가 여기에 넘어갈 수 있습니다. 뱀처럼 지혜롭기 위해 성에 대해 바르게 알아야 합니다. 그래서 부모님이나 교회학교에서는 그 나이 수준에 맞는 성교육을 적극적으로 시키면서 남자와 여자의 차이, 그리고 순결한 성이 무엇인지, 어떻게 하면 유혹을 이겨 낼 수 있는지를 가르쳐야 합니다.

그리고 성은 부끄러운 게 아니라 하나님이 주신 놀라운

축복이며 나중에 결혼해서 부부 사이에서만 누리는 것이라고 말해 주십시오. 청소년기나 결혼하기 전에 성관계를 하는 것은 성경에서 음란한 행위로 간주되는 것이니 해선 안 된다고 말해 주어야 합니다. 그리고 순결 서약식 등을 통해서 순결한 성을 가르쳐 주는 것이 교회의 의무입니다.

예를 들어, 우리 집 부엌에서 쓰는 식칼은 어머니 손에 들려 있을 때는 유익한 도구입니다. 고기도 자르고 음식도 만들고 참 좋은 역할을 합니다. 그런데 그 식칼을 밤중에 강도가 들고 나타났다면 그것은 흉기입니다. 마찬가지로 결혼해서 남편과 아내가 성관계를 하는 것은 큰 축복입니다. 그러나 결혼도 하지 않고 청소년기에 남녀가 성관계를 하는 것은 축복이 아니라 흉기입니다. 이것을 우리 자녀에게 잘 가르쳐 주고 결혼 전까지 순결을 지키도록 교육하는 것이 현명합니다.

그런데 요즘 세상에 순결을 지키는 것이 고리타분한 일이라 생각하고 심지어 청소년 사이에는 순결 지키는 사람을 천연기념물이라고 놀리는 경우도 있습니다. 그러나 세상이 어떻게 흐르건, 또 문화가 어떻게 변화되건 간에 하나님의 진리는 결코 변함없이 영원합니다. 그래서 성경적인 성을 자녀에게 가르쳐 주는 것은 너무나 당연합니다.

=== 성에 대해 긍정적으로 알려 주자

남성과 여성의 차이, 신체의 차이, 정서의 차이 등을 알아듣기 쉽게 이야기해 주십시오. 남성이나 여성 어느 한쪽이 우월하다고 말해서는 안 됩니다. 예를 들어, 사춘기가 가까워진 딸을 둔 부모라면 월경에 대해 자세히 가르쳐 주어야 합니다. 아무것도 모른 채 월경을 만나면 아이는 너무나 놀라고 당황스럽습니다. 하지만 부모님으로부터 설명을 들어서 준비가 된 아이는 월경할 때 놀라거나 당황하지 않습니다. 그때 부모님은 "너도 고생길이 훤하다"하지 말고 축하 파티를 해 주십시오. "너도 이제 여성이 되었구나" 하고 축하하고 격려하고 축복해 주시기 바랍니다.

하나님이 동등하게 창조하셨으며, 여자는 여자대로, 남자는 남자대로 완벽한 하나님의 작품이라고 말해 주십시오. 자녀가 자기의 성에 대해 자부심을 가질 수 있도록 긍정적으로 알려 주어야 합니다. 수치심이나 열등감을 느끼도록 해서는 안 됩니다.

=== 구체적이고 직접적으로 알려 주자

요즘 아이들은 인터넷과 같은 매체를 통해 성을 접하

기 때문에 잘못된 정보를 가지고 있을 가능성이 높습니다. 부모가 이 부분에 대해 정확히 알려 주는 것이 중요합니다. 남자의 성기, 여자의 성기에 대해 의학 용어를 직접적으로 알려 주고, 잘못된 정보와 잘못 알고 있는 부분은 바로잡아 주십시오. 정자와 난자가 어떻게 만나는지, 아기는 어떻게 만들어지는지도 알려 주어야 합니다. 남자와 여자는 다르지만 나쁜 것이 아닙니다. 아들은 아빠가, 딸은 엄마가 가르쳐 주는 것이 좋습니다. 당황하지 말고 당당하게 그리고 긍정적인 태도로 가르쳐 주고 도와주어야 합니다.

내 친구 중 하나는 자기 아들이 초등학교를 졸업하고 사춘기가 되었을 때 포경수술을 권했습니다. 그 아들은 놀라고 당황해서 절대 안 한다고 울었습니다. 아빠가 목욕탕에 데려가서 아빠와 아들의 성기를 비교하면서 "멋있지? 너도 아빠처럼 표피만 잘라 주는 거야"라고 설명했더니 그제야 자기도 아빠처럼 수술을 하고 싶다고 말했다고 합니다. 얼마나 멋있는 아빠입니까?

바르게 준비할 수 있도록 도와주자

성관계는 결혼 제도 안에서만 아름다운 것임을 말해 주십시오. 부모가 관계하는 걸 보았다면 숨길 필요 없이 사랑의 행위임을 말해 주십시오. 그러나 가능하면 자녀가 부모가 성관계하는 모습이라든지 성관계 시 나오는 신음소리를 들키지 않도록 조심하시기 바랍니다. 아이들은 그런 장면을 보고 충격을 받기 때문입니다. 마치 아빠가 엄마를 폭행하는 것처럼 보일 수도 있고, 엄마가 괴로워한다고 생각할 수 있기에 조심해야 합니다.

  요즘 세대는 사랑하는 사이끼리 성관계하면 어떠냐는 의식이 팽배합니다. 또 영화나 드라마가 혼전 성관계를 아름답게 또는 당연하게 그리고 있습니다. 그러나 성경 말씀을 예로 들어 하나님이 엄히 금하시는 것임을 알려 주어야 합니다. 또한 혼전 성관계로 아기가 생길 수 있으며, 이는 생명의 문제와 연결되기에 이성과 데이트할 때 반드시 조심해야 함을 말해 주어야 합니다.

chapter 6

독신 남녀들이여, 성 충동을 다스리십시오

인간에게는 식욕, 수면욕, 성욕이 있습니다. 누구나 가지고 있는 기본적인 욕구입니다. 성욕은 기본 욕구입니다. 그렇기에 참기 어려운 경우가 많습니다. 청년들도 성욕으로 인한 고민이 많고, 이혼이나 사별 등으로 독신이 된 경우도 성욕 문제로 어려움을 겪고 있습니다. 요즘은 결혼 연령이 많이 늦어지면서 여러 가지 성 문제가 발생하고 있습니다.

성 충동, 어떻게 해야 할까요?

일반적으로 남자는 결혼 적령기 이전에 가장 강렬한 성욕을 느낍니다. 이성과의 성관계 경험이 전혀 없는데도 사춘기부터 왕성한 성욕에 시달립니다. 청년의 성 욕구는 매우 강렬해서 제어하기 어려울 때도 있습니다. 이럴 땐 생각을 전환시켜야 합니다. 그렇지 않으면 순간적인 유혹에 자기를 망칠 가능성이 큽니다. 반면 여자는 성관계를 경험하기 전에는 성욕에 시달리지 않다가 결혼 이후에 왕성한 성욕이 생깁니다. 다만, 왜곡된 성문화로 인해 성을 계속 묵상하거나 데이트 때 진한 스킨십을 하면 성적 충동을 경험합니다.

첫 장에서 살펴본 '성 인식' 설문 조사에서도 알 수 있었듯이, 크리스천 청년들이라 할지라도 성적 유혹이 심합니다. 많은 청년과 상담을 하고 세미나를 하다 보면 이들 사이에서 이 문제가 매우 심각하다는 것을 알 수 있습니다. 데이트할 때 성적인 유혹 때문에 헤어지는 사람도 있고, 헤어지지는 않아도 성관계로 인해 죄책감에 빠져 둘의 관계가 나빠지는 사람도 많습니다. 한편, 양심의 가책을 느끼지 않는 청년들도 있습니다. 이것이 바로 교회가 세속주의에 물든 모습입니다.

> 청년이 무엇으로 그의 행실을 깨끗하게 하리이까 주의 말씀만 지킬 따름이니이다 시 119:9

청년이나 독신자들은 따뜻하고 만족을 느낄 수 있는 교제를 하는 게 좋습니다. 성에 대한 생각에서 벗어나 영적이면서도 따뜻하게 영혼을 어루만질 수 있는 관계를 개발해야 합니다. 성욕을 다스릴 수 없다는 생각은 망상입니다. 성욕이 우리를 다스리는 것이 아니라 우리가 성욕을 다스려야 합니다. 누군가가 정말 미워 죽이고 싶어도 실제 행동으로 죽이진 않는 것처럼 성욕을 의식의 권위 아래에 복종시켜야 합니다.

루이스 스메디스 박사는 "성교를 통한 절정의 순간을 체험하지 못한 동정을 지키는 남녀들도 육체적인 성행위 없이 다른 이들에게 자신을 내어 줌으로써 인격적으로 온전해지는 것을 경험할 수 있다. 성적 연합의 진수라 할 수 있는 자신을 내어 주는 삶을 통해 그들은 온전한 인간이 된다. 일반적인 형태를 취하지 않고도 본질에 접근한 것이다"라고 했습니다.

먼저 하나님의 말씀으로 생각을 전환해야 합니다. 성경 말씀을 읽거나 말씀이 녹음된 음원을 들어도 좋습니다.

또한 찬양을 들어도 좋습니다. 둘째, 운동으로 생각을 전환하십시오. 농구나 축구 같은 구기 운동을 해도 좋고, 가벼운 산책이나 헬스클럽에서 운동을 해도 좋습니다.

사람은 생각한 것이 밖으로 나오게 되어 있습니다. 포르노를 보거나 음란 사진을 보면 성적인 에너지가 솟구치게 되어 있습니다. 음란한 생각에서 벗어나려면 그 현장을 떠나야 합니다. 요셉은 보디발의 아내의 유혹을 받고 그 자리에 있지 않았습니다. 그는 속히 그 자리를 떠났습니다.

크리스천은 세상을 변화시키는 트렌스포머가 되어야 합니다

나는 청년 집회에 가면 성과 관련해 성경적인 태도와 절제하는 법, 순결을 지키는 법에 대해 강의를 합니다. 우리는 세상에 살지만 세상에 속한 자들이 아닙니다. 우리는 하나님의 백성입니다. 우리는 세상과 동화되는 자(conformer)가 아니라 세상을 변화시키는 자(transformer)로서 살아가야 합니다.

너희는 이 세대를 본받지 말고(be not conformer) 오직 마음을 새롭게 함으로 변화를 받아(be a transformer) 하나님의 선하시고 기뻐하시고 온전하신 뜻이 무엇인지 분별하도록 하라 롬 12:2

우리는 이 세상에 살지만 하나님께 속한 자입니다. 우리는 하나님 나라에서 이 세상에 파송된 청지기입니다. 크리스천 청년들은 자기 자신을 절제하면서 순결하고 깨끗한 하나님의 일꾼으로 준비되어야 합니다. 큰 집에는 여러 그릇이 있지만 하나님은 금으로 만든 그릇보다 깨끗한 그릇을 사용하십니다(딤후 2:20-21). 따라서 오늘 청년들은 다음 세대의 지도자가 되기 위하여 또 하나님께 쓰임 받기 위하여 자신을 순결하고 깨끗하게 지켜야 합니다.

chapter 7

노년,
꼭 성관계가 아니어도 괜찮습니다

    나이가 들면 성생활을 하기 어려워집니다. 남자는 젊을 때나 나이가 들었을 때나 성욕은 똑같이 느끼는데 갱년기가 지난 후 성기가 잘 발기되지 않고, 발기되더라도 금방 사그라집니다. 남성호르몬도 떨어집니다. 55세가 넘은 남성은 24시간 내에 또 다른 오르가슴을 경험할 수 없다고 합니다. 여자도 폐경기에는 에스트로겐 수치가 낮아지면서 질이 건조해집니다. 그렇다고 성적 만족감을 포기하며 살기엔 아까운 시간이 이 노년의 때입니다. 황혼 이혼이다 졸혼이다 말이 많은 요즘 같은 때에, 배우자와 함께 아름다운 노년의 시간을 계획해 보는 것이 어떨까요?

노인도 성을 즐길 수 있습니다

이 시기에 남자는 아내가 아닌 젊은 여자들에게 시선을 돌리게 됩니다. 평생을 같이한 아내가 더 이상 여성으로 느껴지지 않는 것이지요. 환상적인 로맨스그레이를 꿈꾸며 젊은 여자들을 기웃거리기도 합니다. 실제로 아내 외에 다른 여자들과 관계가 잘 이루어지기도 합니다. 노인들이 많이 모이는 곳에는 이른바 '박카스 아줌마', '커피 아줌마'들이 있습니다. 생계가 어려우니 하루 화대를 받고 노인들을 상대하는 이들을 칭하는 말입니다. 거기에서 성병에 걸려 고생하는 남자도 있고, 그로 인해 가정이 파탄 나는 경우도 많습니다.

노인들도 성을 즐길 수 있습니다. 배우자와의 관계를 포기하지 말고 서로 성에 대해 대화를 나누고 사랑과 애무도 해 주며 몸을 칭찬하고 아직도 젊고 예쁘며 매력적이라고 말하며 만져 주십시오. 노인은 애무로도 충분히 성적 만족을 느낄 수 있습니다.

부부가 공통의 취미생활을 하면 좋습니다. 잘 안 되는

성관계를 억지로 하려 하지 말고 다른 쪽으로 시선을 돌리는 것입니다. 영화 〈님아, 저 강을 건너지 마오〉에서도 노부부가 서로 눈싸움도 하고 같이 걷고 알콩달콩 친구처럼 잘 지내는 것을 봅니다. 성적 만족은 그것으로도 충분합니다. 부부가 함께 영화도 보고 여행도 다니고 하나님의 일도 감당하십시오. 풍요롭게 살 수 있는 방법은 많습니다. 꼭 성관계가 아니더라도 서로 애무해 주고 격려해 주고 축복하고 사랑을 나누는 것 자체가 노부부의 성적 교제입니다.

그럼에도 성관계를 하고 싶거든 비아그라와 같은 발기부전 치료제를 사용하는 방법도 있습니다. 다만 정확한 복용법을 처방 받은 후 사용하기 바랍니다. 여성의 경우는 나이가 들면 질이 건조해지고 얇아져서 성관계 때 상처 받기 쉽습니다. 이때는 윤활제를 구입해 사용하면 좋습니다.

우리 부부는 70대인데, 지금도 아름다운 성생활을 하고 있고 서로 가장 친한 친구로서 즐겁게 지내고 있습니다. 내가 한번은 아내와 같이 산책하면서 이런 이야기를 했습니다.

"당신 이름이 많이 바뀌었네. 우리가 데이트할 때 당신 이름은 나의 여인이었어요. 그리고 결혼하고 나서 당신

이름은 내 아내로 바뀌었지요. 첫아이를 낳고부터는 당신 이름이 우리 애엄마로 바뀌었고, 이제 애들이 점점 커서 집을 떠나고 나자 당신 이름은 '당신은 나의 동반자'로 바뀌었어요. 그리고 얼마 후 우리는 가정생활 세미나를 시작했어요. 그때 당신 이름이 또 바뀌었어요. '당신은 나의 동역자.' 그리고 이제 우리는 한국과 여러 나라를 다니면서 이 사역을 같이하는데 요즘 보니 당신 이름이 또 바뀌었더라구요. '당신은 나의 가장 친한 친구.' 당신이 너무나 소중해요. 어디 가서 무엇을 하든 당신은 내 옆에 있고 나를 도와주고 챙겨 주는 엄마 같은 좋은 친구예요. 사랑합니다."

part 3

왜곡되고 병든 성이 보입니까?

Chapter 8

쾌락보다
인격이 중요합니다

앞에서 성경적인 성은 배우자와 더 친밀하게 하고, 더 깊은 인격적인 관계로 만든다고 했습니다. 그러나 이런 인격적인 교제 없이 육체의 쾌락만을 위해 성이 타락할 때 이를 '왜곡된 성', '병든 성'이라고 합니다. 하나님이 주신 성을 누리지 못하고 죄악시하여 억압하거나 성을 누리는 사람들을 정죄하는 것, 그리고 나의 쾌락을 위해서 상대를 무시하며 그 사람의 몸을 쾌락의 도구로 이용하는 것이 여기에 속합니다.

우리의 성이 왜곡되고 있습니다

요즘 성인용품점이 자주 눈에 띕니다. 예전과 달라진 풍경입니다. 미국은 여대생들도 바이브레이터(진동을 통해 성적 만족을 주게 하는 도구)를 가지고 많이 사용합니다. 사람에게 상처를 받았거나 누군가를 사귀는 게 싫지만 성욕을 느낄 때 혼자서 도구를 사용해 성욕을 해결하는 것이지요. 레즈비언들도 바이브레이터를 많이 사용합니다. 이것이 요즘 세상입니다.

그러나 그러한 도구를 사용해 성욕을 해결하는 건 성경적으로 옳지 않습니다. 성의 중요 요소가 하나됨이기 때문입니다. 서로 섬기는 게 성의 목적입니다. 쾌락은 두 번째입니다. 생식기에 전기 진동기를 사용하면 강한 성적 자극을 줄 수 있는 게 사실입니다. 그러나 여기에 익숙해지면 정상적인 성관계에서는 만족을 얻기 어렵습니다. 자극을 조장하는 인공적인 수단은 피해야 합니다.

육체의 쾌락을 위한 행위에는 상대방을 인격적으로 알기 위한 어떤 시도도, 상대방을 존중하는 마음도, 또한 삶을 함께 만들어 나가는 인격적인 연합을 위한 노력도 없습니다. 단지 쾌락을 향한 욕망만 있을 뿐입니다. 억압이나 방종 모두 인격적 삶의 발전과는 점점 멀어지고, 성을 생물학적인 기능으로 격하시킵니다. 대부분의 야동이 이런 성적 만족만을 위해 왜곡된 것이기에 경계하는 것이 좋습니다.

이제 왜곡된 성과 병든 성에는 무엇이 있는지 살펴보겠습니다.

하나님은 동성애를 허락하지 않으셨습니다

동성애의 사전적 의미는 '같은 성별을 지닌 사람들 간의 감정적, 성적 끌림 또는 성적 행위'입니다. 성경에도 동성애가 기록되어 있으니 동성애의 역사가 얼마나 오래되었는지 알 수 있습니다. 먼저 성경에 동성애에 대해 어떻게 기록되었는지 살펴봅시다.

> 너는 여자와 동침함 같이 남자와 동침하지 말라 이는 가증한 일이니라 레 18:22

> **누구든지 여인과 동침하듯 남자와 동침하면 둘 다 가증한 일을 행함인즉** 반드시 죽일지니 자기의 피가 자기에게로 돌아가리라 레 20:13

이 때문에 하나님께서 그들을 부끄러운 욕심에 내버려
두셨으니 곧 그들의 여자들도 순리대로 쓸 것을 바꾸어
역리로 쓰며 그와 같이 남자들도 순리대로 여자 쓰기를
버리고 서로 향하여 음욕이 불 일듯 하매 남자가 남자와
더불어 부끄러운 일을 행하여 그들의 그릇됨에 상당한
보응을 그들 자신이 받았느니라 롬 1:26-27

불의한 자가 하나님의 나라를 유업으로 받지 못할 줄을
알지 못하느냐 미혹을 받지 말라 음행하는 자나 우상 숭
배하는 자나 간음하는 자나 탐색하는 자나 남색하는 자
나 도적이나 탐욕을 부리는 자나 술 취하는 자나 모욕하
는 자나 속여 빼앗는 자들은 하나님의 나라를 유업으로
받지 못하리라 고전 6:9-10

　동성애는 하나님이 남자와 여자를 창조하시고 "생육하
고 번성하여 땅에 충만하라"(창 1:28)고 하신 명령을 정면
으로 거부하는 것입니다. 이러한 동성애는 대체로 어렸을
때 받은 상처 때문에 이성을 배척하고 동성에게서 사랑을
느끼는 경우가 많습니다. 동성애자들은 선천적이거나 유
전적인 것이어서 성적 취향의 문제라고 항변하지만 그렇

지 않습니다.

동성애 역시 음행, 우상 숭배, 간음, 탐욕과 같은 죄입니다. 남자와 남자끼리, 여자와 여자끼리 성적인 관계를 갖는 것은 하나님의 창조 질서를 거스르는 틀린 취향입니다. 동성애는 인권의 문제가 아닙니다. 인종이나 성별과 같은 '다름'의 문제가 아니라 '틀림'의 문제인 것입니다. 하나님은 동성애를 허용하지 않으셨습니다.

동성애자들의 주장처럼 동성애를 유발시키는 유전자가 있는가를 살펴보겠습니다.

1993년 딘 해머가 "X 염색체의 Xq28이 남자 동성애와 관계가 있다"고 〈사이언스〉에 발표했습니다. 그러자 전 세계에서는 드디어 동성애의 유전 비밀이 밝혀졌다고 대서 특필했습니다. 그러나 1999년 윌리엄 라이스 교수가 이 유전자를 조사한 결과, 남자 동성애와는 아무런 관련이 없다는 연구 결과를 다시 〈사이언스〉에 발표했습니다. 또 2005년 딘 해머가 참여한 무스탄스키 연구팀에서도 전체 게놈을 조사한 결과 이 유전자(Xq28)는 동성애와 아무런 관련이 없다고 결론을 내렸습니다. 이후 동성애 유전자 연구가 계속되었지만 아직 그 유전자를 발견하지는 못했습니다.

한국교회동성애문제대책위원회 전문위원 이태희 목사는 "동성애는 오히려 '후천적인 환경의 영향이 더 크다'는 연구 조사들이 많다"고 했습니다. 어릴 때 학대를 받은 트라우마 때문에 혹은 기숙사, 교도소, 군대와 같이 성적 욕구를 마음껏 해소하기 힘든 억압된 장소에서 동성애 성향이 나타날 수 있다고 합니다. 또한 동성애 미화 영화나 매체를 보고 거기에 매료되어 자신의 성적 취향까지 바꾼 사람들도 있다고 합니다. 쉐마교육연구원의 현용수 박사는 정통파 유대인들 가운데 동성애자가 적은 이유는 그들이 다른 인종과 달라서가 아니고 어려서부터 남성과 여성의 역할에 대한 종교 교육을 잘 받았기 때문이라고 말합니다.

동성애는 하면 할수록 더 빠져듭니다. 동성애에 빠졌다가 에이즈 등의 병에 걸려 불행하게 사는 사람들이 많습니다. 동성애에서 빠져나오기는 참으로 어렵다고 합니다. 그러나 중독자들이 노력 끝에 벗어나는 것처럼 동성애에서도 빠져나올 수 있습니다. 그러므로 교회 공동체나 사역 단체의 도움을 받기를 권합니다. 동성애는 유전이 아니기에 고칠 수 있으며 자신의 선택과 결단에 따라 극복할 수 있습니다.

그런데 동성애를 바라보는 우리의 시선도 교정될 필요가 있습니다. 예수님은 동성애자를 사랑하십니다. 그래서 돌이키라고 말씀하시는 겁니다. 예수님이 죄와 죄인을 분리해서 보셨듯이 교인들은 그들을 따뜻하게 대하고 그들을 위해 기도해야 합니다.

언젠가 건전신앙수호연대 대표인 하다니엘 목사님의 글을 〈크리스천 투데이〉에서 읽은 적이 있습니다. '약할 때 강함 되시네'의 작곡가 데니스 저니건에 대한 글이었습니다. 그는 한때 동성애자였습니다. 그는 다섯 살 때 화장실에서 성인 동성애자에게 성추행을 당한 후 그 충격으로 동성애의 늪에 빠지게 되었다고 합니다. 그는 교회에 열심히 다녔지만 동성애자임을 감추고 사느라 끊임없이 갈등해야 했습니다. 교회에서 동성애에 대한 설교를 듣거나 동성애에 대한 주제로 대화를 할수록 '나는 지옥에 갈 것이고, 사람들이 나를 증오한다'는 생각에 사로잡혔습니다. 그는 동성애의 굴레에서 벗어나지 못해 괴로웠고 죄책감에 시달렸습니다. 음악만이 그가 쉴 수 있는 안식처였습니다.

그러던 어느 날 기독교 음악 그룹의 공연에 참석했는데 가수 '애니'가 예언 같은 말을 했습니다.

"하나님은 당신이 숨기고 있는 것을 보십니다. 그럼에도 하나님은 당신을 사랑하십니다."

데니스는 그 말이 자기를 향한 것이라 여겼고 이때 큰 깨달음을 얻었습니다. 예전에 그는 동성애라는 죄를 예수님이 짊어지고 가기엔 너무 악하다고 생각했습니다. 그러나 하나님은 그의 모습 그대로를 사랑하시며 그렇기에 결코 자신을 동성애자인 상태로 내버려 두지 않으신다는 걸 깨달은 것입니다.

그 순간 데니스는 자신의 모든 죄를 예수님의 어깨 위에 올려 두고 예수님과 함께 십자가에 못 박혀 죽는 회심의 체험을 했습니다. 마음속에서 "나오라"는 주의 음성을 들었고, 마치 죽음에서 부활한 것처럼 새사람으로 거듭난 것입니다. 데니스는 이후 동성애에서 빠져나왔고, 멜린다라는 여성을 만나 결혼하여 9명의 자녀를 두었습니다. 그는 이렇게 말합니다.

"나는 누군가를 과거의 실패 때문에 낙인찍지 않습니다. 동성애자들도 나를 정죄하지 못합니다. 오직 창조주 나의 하나님이 나를 올바로 알고 정의해 주십니다."

그는 이 놀라운 은혜를 '약할 때 강함 되시네'에서 고백하고 있습니다. 혹시 동성애 문제로 고민하고 있다면 하나님 앞에 나아가 자유를 얻길 바랍니다.

성도착증, 알고 치료하는 것이 중요합니다

성도착증은 유아기 또는 청소년기의 잘못된 성적 행동으로 생기기 시작해 성인이 되어서도 비정상적인 방법으로 성적 만족을 얻는 것을 말합니다.

변태(distorted), 포르노그래피(pornography), 음욕(lust), 가학증(sadism), 피학증(masochism), 성중독증(sexual addict), 의상도착증(transvestism), 수간증(bestiality), 여성물건애(fetishism), 노출증(exhibitionism), 관음증(voyeurism), 소아기호증(pedophilia) 등의 성도착증은 왜곡된 성이라 할 수 있습니다.

의상도착증은 성적 흥분을 위해서 이성의 옷을 입는 것을 말하는데, 이 행위를 통해 성적 만족을 얻습니다. 주로 여자보다는 남자들에게서 더 많이 나타납니다.

여성물건애자는 여성의 물건을 통해 성적 만족을 찾는 것을 말합니다. 특히 여성이 착용했던 속옷을 훔칩니다.

수간애자는 성적 흥분을 동물과 반복적인 성관계에서 찾는 것입니다. "짐승과 행음하는 자는 반드시 죽일지니라"(출 22:19), "남자가 짐승과 교합하면 반드시 죽이고 너희는 그 짐승도 죽일 것이며 여자가 짐승에게 가까이하여 교합하면 너는 여자와 짐승을 죽이되 그들을 반드시 죽일지니 그들의 피가 자기들에게로 돌아가리라"(레 20:15-16)는 말씀처럼 죽음에 처하는 심각한 죄입니다.

소아기호증은 사춘기 이전의 어린아이와 성관계를 맺거나 이를 상상함으로써 성적 흥분을 얻는 것을 말합니다. 이런 사람들 중에는 어린이를 유괴하고 강간하고 심지어 죽이기까지 합니다. 우리나라 뉴스에서도 어린이를 대상으로 한 성범죄가 늘어서 사회 전체가 분노하기도 했습니다. 이는 어린이뿐만 아니라 그 가정의 삶을 파괴하는 중범죄로서 반드시 사형에 버금가는 처벌을 해야 한다고 생각합니다.

요즘은 롤리타 콤플렉스가 급속히 퍼지고 있습니다. 롤리타 콤플렉스란 성인 남자가 성숙하지 않은 소녀에게 성욕을 느끼거나 정서적 동경을 가지는 심리적 경향입니다. 한국에서도 이러한 콘셉트를 한 문화 아이템들이 인기를 끌고 있습니다. 몇몇 여자 연예인이 롤리타 콤플렉스를 연상시키는 화보를 찍어 논란이 되기도 했습니다. 그런 점에서 애교란 이름으로 아동처럼 말하는 걸 좋아하고, 교복을 입고 선정적인 춤을 추는 걸그룹을 선호하는 것은 우려할 만하다고 생각합니다. 여자아이를 성적 대상으로 보는 환경이 문화의 이름으로 포장되고 합리화되기 때문입니다. 일본에서는 이와 관련된 범죄가 확산되어 큰 사회적 문제가 되고 있습니다.

노출증은 자신의 성기를 노출시켜 성적 만족을 얻는 것으로 일명 '바바리맨'이라 불립니다. 상대가 느끼는 혐오감이나 두려움을 통해 만족을 얻는 이상 증세라 할 수 있습니다.

관음증은 타인의 성행위와 성기를 봄으로써 성적 만족을 얻는 것을 말합니다. 몰래 엿보는 짜릿함과 들킬지도 모른다는 조바심은 엿보는 사람을 더욱 흥분시키는 요소로 작용합니다.

또한 성 상대자를 가학하거나 도리어 괴롭힘을 당함으로써 성적 만족을 얻는 가학증과 피학증이 있습니다. 어느 영화에서 잘 차려 입은 신사가 창녀의 집에 갔는데, 가방을 여니 채찍 등의 도구가 있는 것입니다. 창녀가 남자를 묶고 채찍질하면 남자는 비명을 지르며 쾌감을 느낍니다. 이것이 피학증입니다. 가학증은 그 반대입니다. 상대방을 때림으로써 성적 만족을 느끼는 것입니다. 가학증과 피학증 환자가 만나면 서로 때리고 맞고 하면서 성적 만족을 얻습니다.

불행하게도 날이 갈수록 이런 성도착증 환자가 늘어나는 것 같습니다. 미국의 LA를 비롯한 대도시에는 나체아파트도 등장했습니다. 또 나체들만 들어갈 수 있는 해수욕장도 빈번히 있습니다. 왜곡된 성에서 벗어나 건강한 성으로 전환할 수 있어야겠습니다.

이러한 성도착증은 정신, 행동 장애로서 심리치료와 약물치료가 필요합니다. 성도착증의 발생 이유가 다양하므로 그 원인에 대한 종합적이고 확실한 분석이 필요하며, 이를 위한 전문 치료가 요구됩니다. 또한 이러한 사회병적 행동은 예방이 중요합니다.

chapter 9

사랑은 감정보다 의지입니다

많은 부부가 결혼 후 4, 5년 후면 각방을 씁니다. 코를 골거나 이불을 뒤척거리면 배우자에게 피해를 주기 때문이라고 합니다. 그렇게 배려(?)해서 각방을 쓰다 황혼에 이혼을 하는 비율이 높다고 합니다. 각방을 쓰니 성관계를 할 수 있겠습니까? 서로에 대한 사랑이 사그라지고, 서로 기대며 살아야 할 부부가 떨어져 지내니 외로울 것입니다.

부부는 조금 불편하더라도 한 방에서 한 이불을 덮고

자야 합니다. 서로 부대끼며 살다 보면 미운 정, 고운 정 다 들고, 서로의 장단점을 포용하면서 이해하게 되기 때문입니다. 이렇게 한 이불을 덮고 자야 외도의 위험도 막을 수 있습니다.

간통은 하나님과의
언약을 깨는 것입니다

한국은 2015년에 간통죄가 폐지되었습니다. 가장 큰 이유로 성적인 문제는 지극히 개인적인 사생활 영역이고, 이것을 국가가 개입할 수 없다는 것입니다. 그리고 그동안 간통으로 처벌되는 비율도 낮아졌습니다. 이웃 나라 일본은 1947년 간통죄를 폐지했습니다.

불과 몇 년 전만 해도 간통을 저지르는 사람들을 굉장히 비난했지만 요즘은 무덤덤하게 받아들이는 것 같습니다. 그러나 법적으로 간통죄를 처벌하든 안 하든 외도가 배우자에게 큰 상처를 주는 것만은 틀림없습니다.

어떤 사람들은 외도 후에 "잠깐 흔들린 것뿐이야. 나는 아직 아내를 사랑해" 하며 간통을 잠시 타락한 것으로 가볍게 여기기도 합니다. "저 여자가 유혹해서…" 하며 순간의 욕망 때문에 실수한 것이라고 말하기도 합니다. 그러나 이것이 그토록 많은 기혼자가 왜 간통죄를 저지르는지에 대한 답은 아닙니다.

그렇다면 불륜을 저지르는 이유는 무엇일까요? 크게 외적인 원인과 내적인 원인이 있습니다. 외적인 원인으로는 성적으로 흔들릴 수밖에 없는 장소에 간다거나, 이성으로부터 신체적 접촉을 통한 유혹을 받았을 때 간통으로 이어지기 쉽습니다. 그뿐만 아니라 낭만적이고 이상적인 결혼을 꿈꾸었는데 현실에서 그 환상이 깨졌을 경우 실망감에 외도를 하기도 합니다.

내적인 원인도 있습니다. 배우자에 대한 분노, 무미건조한 현실에 대한 도피, 결혼생활의 권태, 배우자와 성적으로 만족하지 못하거나 정서적으로 공감하지 못할 때 불륜으로 이어지게 됩니다.

이 외적 원인과 내적 원인은 따로 떨어져 있지 않습니다. 환경은 내면에 영향을 끼치고 내면은 환경을 조성하는 데 기여합니다. 그러니 이런 문제를 안고 갈등하고 있다면 바로 알아차리고 부부가 서로 해결점을 찾아야 합니다. 배우자에게서 받지 못한 위로를 다른 사람을 통해 받기 시작하면 걷잡을 수 없어집니다.

성경은 간통을 어떻게 보고 있는지 살펴보겠습니다.

누구든지 남의 아내와 간음하는 자 곧 그의 이웃의 아내
와 간음하는 자는 그 간부와 음부를 반드시 죽일지니라
레 20:10

어떤 남자가 유부녀와 동침한 것이 드러나거든 그 동침
한 남자와 그 여자를 둘 다 죽여 이스라엘 중에 악을 제할
지니라 신 22:22

여인과 간음하는 자는 무지한 자라 이것을 행하는 자는
자기의 영혼을 망하게 하며 상함과 능욕을 받고 부끄러
움을 씻을 수 없게 되나니 잠 6:32-33

모든 사람은 결혼을 귀히 여기고 침소를 더럽히지 않게
하라 음행하는 자들과 간음하는 자들을 하나님이 심판하
시리라 히 13:4

음행과 온갖 더러운 것과 탐욕은 너희 중에서 그 이름조
차도 부르지 말라 이는 성도에게 마땅한 바니라 누추함
과 어리석은 말이나 희롱의 말이 마땅치 아니하니 오히
려 감사하는 말을 하라 엡 5:3-4

> 호세아에게 이르시되 너는 가서 음란한 여자를 맞이하여 음란한 자식들을 낳으라 이 나라가 여호와를 떠나 크게 음란함이니라 하시니 호 1:2

하나님은 호세아에게 음란한 여자와 결혼하라고 명령하시며 이를 이방 우상을 섬김으로써 하나님께 음란죄를 범한 이스라엘과 대비시키셨습니다. 사랑하기에 상처 받은 하나님의 마음을 보여 주신 것입니다.

성경은 간통을 살인에 버금가는 심각한 죄로 보고 있습니다. 또한 하나님은 우상 숭배와 동일하게 여기십니다. 우리가 간통죄를 심각하게 받아들여야 할 이유가 여기에 있습니다.

하나님이 가정을 만드셨습니다. 결혼은 하나님 앞에 하는 언약입니다. 간통은 이러한 언약을 깨는 엄청난 범죄 행위입니다. 단순히 음란 행위로 그치는 것이 아닙니다. 간통은 신성한 결혼과 가정이 더럽혀지는 것이며 배우자와 자녀에게 씻을 수 없는 상처를 남기고 가정을 파괴시키는 일입니다. 그뿐만 아니라 신앙 공동체도 파괴시킵니다. 가족이 교제하던 여러 공동체와 더 이상 교류하기 어렵기 때문입니다.

하나님과 인간의 언약이 깨지면 심각한 문제가 발생하는 것처럼 결혼 관계가 깨지면 많은 것들이 파괴됩니다. 외도가 드러나면 배우자뿐 아니라 자녀, 같이 교제하던 신앙 공동체의 지체들과도 관계가 깨집니다. 십계명에서도 7계명이 '간음하지 말라'입니다.

> 내게 배역한 이스라엘이 간음을 행하였으므로 내가 그를 내쫓고 그에게 이혼서까지 주었으되 그의 반역한 자매 유다가 두려워하지 아니하고 자기도 가서 행음함을 내가 보았노라 렘 3:8

그런데 세상은 간통을 사랑이란 이름으로 포장하여 감정에 충실하라고 부추깁니다. 보통 간통죄를 지은 사람에게 왜 그랬느냐고 물으면 '배우자가 아닌 이성을 만나면서 내가 아직 매력적인 남자/여자임을 실감할 수 있었다', '남편/아내와 성적으로 만족하지 못했는데, 정신적인 만족을 얻을 수 있었다'라고 말합니다.

그러나 사랑에서 가장 먼저 요구되는 것이 '오래 참음'입니다. 천년만년 지속되는 감정은 없습니다. 감정보다 중요한 것이 사랑하겠노라는 의지입니다. 사랑하기로 작정하고 인내하며 나아갈 때 진정으로 사랑할 수 있는 것입니다.

성욕을 위해 다른 대상을 찾지 마십시오

레위기 20장은 친인척과 성관계했을 경우에 어떻게 해야 하는지를 이야기하고 있습니다.

계모와 동침

11 누구든지 그의 아버지의 아내와 동침하는 자는 그의 아버지의 하체를 범하였은즉 둘 다 반드시 죽일지니 그들의 피가 자기들에게로 돌아가리라

며느리와 동침

12 누구든지 그의 며느리와 동침하거든 둘 다 반드시 죽일지니 그들이 가증한 일을 행하였음이라 그들의 피가 자기들에게로 돌아가리라

장모와 동침

14 누구든지 아내와 자기의 장모를 함께 데리고 살면 악행인즉 그와 그들을 함께 불사를지니 이는 너희 중에 악행

이 없게 하려 함이니라

자기 형제와 동침
17 누구든지 그의 자매 곧 그의 아버지의 딸이나 그의 어머니의 딸을 데려다가 그 여자의 하체를 보고 여자는 그 남자의 하체를 보면 부끄러운 일이라 그들의 민족 앞에서 그들이 끊어질지니 그가 자기의 자매의 하체를 범하였은즉 그가 그의 죄를 담당하리라

월경 중인 여인과 동침
18 누구든지 월경 중의 여인과 동침하여 그의 하체를 범하면 남자는 그 여인의 근원을 드러냈고 여인은 자기의 피 근원을 드러내었음인즉 둘 다 백성 중에서 끊어지리라

친척과의 동침
19 네 이모나 고모의 하체를 범하지 말지니 이는 살붙이의 하체인즉 그들이 그들의 죄를 담당하리라 20 누구든지 그의 숙모와 동침하면 그의 숙부의 하체를 범함이니 그들은 그들의 죄를 담당하여 자식이 없이 죽으리라 21 누구든지 그의 형제의 아내를 데리고 살면 더러운 일이라 그가

그의 형제의 하체를 범함이니 그들에게 자식이 없으리라

이는 모두 간통에 해당하는 음행죄입니다. 하나님이 얼마나 부부관계의 성을 중요시하는지 알 수 있습니다. 부부관계가 원만하고 즐거우면 다른 상대와 불륜을 저지를 필요가 없습니다. 부부관계가 원만하지 못해 불만이 많으면 본능적으로 다른 이성에게 눈길을 돌리게 마련입니다. 성욕을 위해 다른 대상을 찾는 것이 인간의 죄성이기 때문입니다.

그러므로 다시 한 번 강조하는데, 부부관계가 행복하도록 교회는 특별히 성 세미나 등을 정기적으로 개최하여 성도들이 부부생활에 만족하도록 돕고 가르치고 훈련시켜야 합니다. 어느 성도가 성적인 죄를 범하고 있는 것을 눈치 챘으면서도 모른 척하고 방관하고 있다면 그것도 큰 죄악입니다. 다시 말하면 방관죄 중 직무유기죄에 해당합니다.

인자야 내가 너를 이스라엘 족속의 파수꾼으로 세웠으니 너는 내 입의 말을 듣고 나를 대신하여 그들을 깨우치라 가령 내가 악인에게 말하기를 너는 꼭 죽으리라 할 때에 네가 깨우치지 아니하거나 말로 악인에게 일러서 그의 악한 길을 떠나 생명을 구원하게 하지 아니하면 그 악인은 그의 죄악 중에서 죽으려니와 내가 그의 피 값을 네 손에서 찾을 것이고 네가 악인을 깨우치되 그가 그의 악한 마음과 악한 행위에서 돌이키지 아니하면 그는 그의 죄악 중에서 죽으려니와 너는 네 생명을 보존하리라 또 의인이 그의 공의에서 돌이켜 악을 행할 때에는 이미 행한 그의 공의는 기억할 바 아니라 내가 그 앞에 거치는 것을 두면 그가 죽을지니 이는 네가 그를 깨우치지 않음이니라 그는 그의 죄 중에서 죽으려니와 그의 피 값은 내가 네 손에서 찾으리라 그러나 네가 그 의인을 깨우쳐 범죄하지 아니하게 함으로 그가 범죄하지 아니하면 정녕 살리니 이는 깨우침을 받음이며 너도 네 영혼을 보존하리라 겔 3:17-21

교회는 파수꾼으로서 음란죄에 빠진 성도를 구하고 가르쳐야 할 사명이 있습니다. 교회의 순결과 거룩함을 유지하는 것이 너무나 중요한 때입니다.

part 4

지난밤
즐거웠습니까?

chapter. 10

사랑도
기술이 필요합니다

 만족스런 성생활은 행복한 결혼생활을 위한 필수 불가결한 요소입니다. 한쪽 배우자가 성생활에 불만을 갖거나 두려워서 피한다면 결혼생활에도 틈이 생기고 문제가 발생할 소지가 많습니다. 온전한 성관계는 서로가 만족하고 행복을 느끼는 것입니다.
 그러기 위해서는 충분히 시간을 들여 상대방을 기쁘게 해 주어야 합니다. 다양한 신체 접촉과 애정 표현은 결혼생활을 더 풍성하게 합니다. 하나님이 만드신 성을 누리고 즐거워하는 방법을 아가서 4장을 중심으로 소개하겠습니다.

아가서는 지금부터 3천여 년 전에 씌어진 말씀입니다. 고구려나 신라의 건국이 지금으로부터 2천여 년 전이니 솔로몬은 고구려의 주몽이나 신라의 박혁거세보다 천 년 먼저 살았던 왕입니다. 그때 이미 아가서가 기록되었다는 것이 참으로 놀랍습니다.

나는 아가서가 성경에 있다는 것이 참으로 축복이라고 생각합니다. 우리는 아가서를 묵상하면서 하나님과 신부인 교회의 관계를 생각하기도 하지만, 이 책은 솔로몬과 술람미 여인의 서사시라고도 할 수 있습니다. 하나님이 성을 얼마나 아름답고 귀하고 거룩하게 설명하고 있는지요.

그래서 우리는 아가서를 통해 성경적인 성을 배울 수 있습니다. 그것이 얼마나 감사한 일인지 모릅니다. 구약을 아는 유대인들과 신앙이 아주 좋은 청교도들은 아가서를 통해서 행복한 부부의 성을 누리고 자녀에게도 올바른 성을 가르친다고 합니다. 우리의 고정관념과 잘못된 편견, 그리고 선입관을 버리고 성경으로 되돌아갑시다.

사랑의 말과 칭찬이
잠자리의 분위기를 좌우합니다

> 내 사랑 너는 어여쁘고도 어여쁘다 너울 속에 있는 네 눈이 비둘기 같고 네 머리털은 길르앗 산기슭에 누운 염소 떼 같구나 네 이는 목욕장에서 나오는 털 깎인 암양 곧 새끼 없는 것은 하나도 없이 각각 쌍태를 낳은 양 같구나 네 입술은 홍색 실 같고 네 입은 어여쁘고 너울 속의 네 뺨은 석류 한 쪽 같구나 네 목은 무기를 두려고 건축한 다윗의 망대 곧 방패 천 개, 용사의 모든 방패가 달린 망대 같고 네 두 유방은 백합화 가운데서 꿀을 먹는 쌍태 어린 사슴 같구나 날이 저물고 그림자가 사라지기 전에 내가 몰약 산과 유향의 작은 산으로 가리라 나의 사랑 너는 어여쁘고 아무 흠이 없구나 아 4:1-7

이 본문은 솔로몬과 술람미 여인의 첫날밤을 묘사한 것입니다. 솔로몬은 여인의 몸을 보고 만지며 멋진 칭찬의 말을 합니다. 말은 사랑을 더 풍성하게 합니다.

먼저 "어여쁘고도 어여쁘다"며 말로 아내를 칭찬합니다. 그리고 비둘기 같은 눈, 숱이 풍성한 머리, 입술, 뺨,

목, 유방 등 아내의 구석구석을 칭찬합니다.

이렇게 칭찬의 말을 들으면 아내는 성적으로 흥분합니다. 여자는 청각에 민감하므로 금세 반응을 하는 것입니다. 그리고 부드럽게 아내의 옷을 벗기며 사랑과 정성으로 애무해 줄 때 피부 민감도가 남자보다 10배나 강한 여자는 흥분이 고조되기 시작합니다.

그러면 술람미 여인은 신랑 솔로몬에게 어떤 칭찬을 했을까요?

> 내 사랑하는 자는 희고도 붉어 많은 사람 가운데에 뛰어나구나 머리는 순금 같고 머리털은 고불고불하고 까마귀같이 검구나 눈은 시냇가의 비둘기 같은데 우유로 씻은 듯하고 아름답게도 박혔구나 뺨은 향기로운 꽃밭 같고 향기로운 풀언덕과도 같고 입술은 백합화 같고 몰약의 즙이 뚝뚝 떨어지는구나 손은 황옥을 물린 황금 노리개 같고 몸은 아로새긴 상아에 청옥을 입힌 듯하구나 다리는 순금 받침에 세운 화반석 기둥 같고 생김새는 레바논 같으며 백향목처럼 보기 좋고 아 5:10-15

술람미 여인은 솔로몬이 다른 사람보다 잘생겼으며, 순

금 같은 머리, 고불고불하고 검은 머리털, 비둘기 같은 눈, 향기로운 꽃밭 같은 뺨, 백합화 같은 입술, 화반석 기둥 같은 다리 등을 가진 멋진 사람이라고 고백합니다.

부부는 이런 사랑의 말을 나누는 관계여야 합니다. 부부가 이렇게 서로 상대방의 몸을 바라보면서 감동하고 칭찬하고 격려할 때 두 사람의 몸뿐만 아니라 마음도 열리고 한 몸이 되는 놀라운 경험을 하게 됩니다.

은밀한 시간에 부부간에 대화를 할 때는 자녀 문제, 돈 문제 등 현실적인 문제는 나누지 말아야 합니다. 로맨틱한 분위기가 급속히 냉랭해질 것이기 때문입니다. 현실적인 주제는 뒤로 미루고 마치 세상에 둘만 있는 것처럼 서로 칭찬하고 고마운 사랑의 언어를 나누십시오. "당신은 가슴이 짝짝이구나", "당신은 배가 왜 이리 많이 나왔어?" 같은 비난은 절대 금물입니다.

부부의 하나됨은 육체뿐 아니라 정신적, 영적으로도 하나되는 것입니다. 그 하나됨을 통해 가정이 더욱 튼튼해지고 건강해집니다.

남자와 여자의 쾌감 지점이 다릅니다

하나님은 여성이 남성보다 더 늦게 자극 받도록 창조하

셨습니다. 서로 다르기에 더 창조적이며 더 아름다운 관계를 맺을 수 있습니다. 배우자가 어떻게 할 때 기뻐하는지 연구함으로써 배우자를 섬기고, 더 사랑할 수 있는 기회로 삼을 수 있는 것입니다.

남자와 여자의 성욕이 다르다는 걸 앞에서 이야기했습니다. 먼저 좋아하는 방식이 전혀 다릅니다. 양식을 먹을 때 먼저 에피타이저(전식)를 먹고 그다음에 메인음식(본식)을 먹고 마지막으로 디저트(후식)를 먹습니다. 성에 있어서 에피타이저는 애무, 메인은 성관계, 디저트는 관계가 끝난 후 상대를 칭찬하는 말이라고 할 수 있습니다. 남자들은 에피타이저와 디저트가 필요 없고 메인푸드만 필요합니다. 빨리 아내의 몸속에 들어가서 사정해야 만족합니다. 그러나 여자는 에피타이저와 디저트가 풍성해야 합니다. 따라서 남편은 아내의 몸을 충분히 애무해 주고 성관계 후에는 "당신 정말 멋있어" 등의 말로 칭찬해 주어야 합니다. 그래야 아내가 만족을 느낍니다.

내가 상담한 한 젊은 아내는 성관계가 만족스럽지 않고 아프기만 하다면서 어떻게 하면 좋겠냐고 물었습니다. 남편이 아내를 충분히 흥분시킨 뒤에 관계를 해야 하는데 너무 서두르다 보니 아내가 아프기만 한 것입니다. 아내는 전혀 만족을 느끼지 못하는데 남편만 사정하고는 성관계를 끝내니 아내는 이용당하는 느낌이 든다고 했습니다.

안타깝게도 정말 많은 한국의 부부가 이와 같은 고민과 갈등으로 힘들어 합니다. 어떤 아내는 자신이 오르가슴을 느끼지 못하는 것에 남편이 실망할까 봐 억지로 만족하는 척한다고 합니다. 그러니 남편은 자신의 잠자리 기술에 문제가 없다고 생각해서 아내를 소중히 애무하는 방법을 배우려고도 하지 않습니다. 어떤 남편은 성적 만족감이 남자와 여자가 다르다는 사실조차 몰라서 아내도 내가 느끼는 것과 똑같으려니 생각하고 자기 멋대로 잠자리를 마칩니다. 아내는 등을 돌리고 울상을 지을 수밖에요. 많은 아내들이 잠자리를 피하고 싶어 하는 이유가 바로 여기에 있습니다.

남자는 2~3분이면 달아오르는 성욕이 여자는 20~30분 걸립니다. 남자는 백열전등, 여자는 구공탄입니다. 백열전등은 켜면 금방 밝아지지만 스위치를 끄면 확 꺼집니다. 구공탄은 불을 피우기까지 애를 먹지만 오래도록 불기가 사그라지지 않습니다. 이 차이를 알아야 합니다.

애무의 기술이 필요합니다

아내를 만족시키려면 애무의 기술이 있어야 합니다. 솔로몬은 술람미 여인을 보면서 감동하고 감격해하며 애무하기 시작합니다. 얼마나 구체적으로 애무하는지 참으로 우리가 배울 점이 많습니다.

먼저 입맞춤과 포옹으로 시작하십시오. 여자의 몸을 만질 때는 몸 전체를 아주 부드럽게 만져야 합니다. 여자는 아주 민감하다는 사실을 잊지 말아야 합니다. 이때 서두르지 말고 상대가 어떤 기분인지 살펴야 합니다. 서로를 탐험하는 시간을 충분히 가지십시오. 특히 여자는 촉각과 청각에 민감하기 때문에 천천히 스킨십을 하며 칭찬하는 말을 같이 하는 것이 좋습니다. 예쁘다, 아름답다, 부드럽다고 말해 주며 아내의 청각을 자극해야 합니다.

스킨십을 할 땐 바로 성기를 공략하지 마십시오. 성기에서 먼 곳에서부터 시작하는 것이 좋습니다. 머리카락, 발가락, 손가락에서 시작하여 귓불, 뒷목, 엉덩이, 허벅지 안쪽, 유방으로 갔다가 가장 민감한 아내의 은밀한 부분을 공략하는 것입니다.

남자는 성감대가 눈과 성기인 데 반해, 여자는 성감대가 34군데나 됩니다. 부부가 서로 이야기하며 성감대를 파악해 가십시오.

아가서에서 솔로몬이 칭찬한 눈, 머리카락, 입술, 뺨, 목 등은 모두 여자의 성감대입니다. 여자의 성감대는 크게 세 군데로 나눌 수 있습니다. 성적으로 가장 예민한 부분은 질 속에 있는 지스팟(G spot), 음핵(clitoris), 젖꼭지(nipple)입니다. 이 세 군데가 가장 예민합니다.

특히 클리토리스라고도 하는 음핵에는 감각 섬유가 있는데 약 8천 개의 신경으로 이루어져 있습니다. 이 조직을 자극하면 오르가슴을 느낍니다.

여성의 오르가슴을 돕는 또 다른 부위가 지스팟입니다. 지스팟은 질 내부에서 가장 예민한 부위를 말하는데, 질 입구에서 3~4센티미터 안에 있다고 알려져 있습니다. 이 지스팟을 자극하면 강렬한 오르가슴을 느낄 수 있습니다.

그다음으로 예민한 곳은 유방 주위, 허벅지, 입술 등이고, 나머지 성감대는 비교적 약한 곳으로 머리카락, 발가락, 손가락, 목, 팔다리 등 온몸입니다. 데이트할 때 머리카락이나 손가락 등을 스킨십하면 여자들은 금세 기분이 좋아집니다. 성감대라서 그렇습니다.

남편은 아내와 관계할 때 아내가 어디를 만져 줄 때 좋아하고 만족하는지 파악해서 그 부분을 공략하십시오. 자기 좋을 대로 두세 군데만 붙잡고 늘어지면 안 됩니다. 소중한 보물을 만지듯 아내를 대해야 합니다. 이를 위해 남편은 아내에게 어떻게 하면 좋은지 물어보고 아내는 남편에게 어떻게 애무해 달라고 요구해야 합니다. 즉 성은 서로 협조해서 걸작품을 만들어야 합니다.

그런데 이런 문제도 있습니다. 남편이 애무하다 보면 흥분이 떨어져서 발기가 사그라지는 것입니다. 사실 남편 입장에서 애무는 고생스럽습니다. 남편은 흥분되었을 때 당장 아내의 질에 삽입해야 만족하는 것입니다. 이런 남녀의 차이를 어떻게 극복해야 할까요? 서로 조절해야 합니다. 남편이 애무하면 아내의 성욕이 올라오지요. 그러다 보면 남편의 성욕이 쪼그라듭니다. 그럴 땐 아내가 남편을 애무하면 됩니다. 아내가 입이나 손을 사용하여 남편의 성기를 만져 주면 남편은 금방 성욕이 올라옵니다. 이렇듯 서로가 서로를 정성스럽게 섬기는 것이 아름다운 성관계의 열쇠입니다.

때로는 대담해질 필요가 있습니다

남자는 성관계를 산 정상을 정복하는 것처럼 성취로 여기는 경향이 있는 반면, 여자는 남자에 대한 배려나 양보,

자기 자신을 주는 행위로 보는 경향이 있습니다. 남편의 불만 중 하나가 아내가 적극적이지 않고 수동적이라는 것입니다. 한국의 아내는 유교적인 영향 때문에 더욱 그런 것 같습니다. 적극적으로 나서면 왠지 정숙하지 못한 여인이라는 느낌이 든다고 하는데, 이런 편견을 깨야 합니다. 성경적으로 사고를 바꿀 필요가 있습니다.

술람미 여인은 남편을 성적으로 흥분시키기 위한 전희로서 춤을 춥니다. 아가서 6-7장을 보면, 그녀는 거의 나체로 춤을 추는 것 같습니다. 춤을 추면서 남편을 유혹합니다. 그녀의 발, 넓적다리, 배꼽, 두 유방을 보면서 솔로몬은 그녀를 사랑하며 아름답고 즐겁다고 칭찬합니다. 특히 그녀의 유방이 예쁘다면서 키스하고 사랑합니다. 그리고 합환채를 가지고 유혹하면서 합방을 합니다.

이런 장면도 나옵니다. 부부가 살다가 부부싸움을 할 때가 있습니다. 술람미 여인과 솔로몬도 그런 상황에 있었던 것 같습니다. 술람미 여인은 싸웠다고 골방에 들어가 슬퍼하지 않았습니다. 대신 그녀는 부끄러움도 없이 밤중에 일어나 거리를 헤매며 "마음에 사랑하는 자"를 찾았습니다.

> 마음에 사랑하는 자를 만나서 그를 붙잡고 내 어머니 집으로, 나를 잉태한 이의 방으로 가기까지 놓지 아니하였노라 아 3:4

그리고 마침내 그를 만나서 그를 놓지 않겠다고 고백합니다. 사랑의 감정을 솔직하게 드러내며 고백하고 있습니다. 대단히 열정적인 사랑입니다.

아내들이여, 먼저 대담해지십시오. 자기의 감정을 숨기지 말고 솔직히 드러내십시오. 그리고 시각적으로 남편을 자극하는 방법을 연구하고, 남편이 무얼 좋아하는지 살펴보십시오. 여유 있을 때 남편에 대해 에로틱하고 성적인 상상을 하는 것도 좋습니다. 다음으로 남편이 충분히 만족할 수 있도록 자신을 던지십시오. 여자가 사랑받고 있음을 느끼고 싶은 것처럼 남자도 그렇습니다. 남편은 아내가 자신과의 성관계를 좋아하고 만족해하기를 원합니다. 남편이 충분히 만족한다면 아내에게 자주 관계를 요구하진 않을 것입니다. 오히려 아내가 남편을 유혹할 수도 있습니다.

그리고 창의성 있는 관계를 위해 기교를 연구하십시오. 대부분의 남녀가 남성 상위 체위에 가장 만족을 느끼긴

하지만 매번 똑같다면 지루할 수 있습니다. 체위를 바꾸는 것도 좋고, 서로 연구하여 지루하지 않도록 성생활을 가꾸어 가십시오. 남편이 피곤할 때라도 아내는 포기하지 말고 누워 있는 남편을 마사지해 주십시오. 남편의 다리 배 어깨뿐만 아니라 성기도 마사지해 주세요. 남편이 아무리 피곤해도 성기는 피곤치 않습니다. 이때 남편의 성기가 발기하면 아내가 남편 배 위로 올라가서 여성 상위로 성관계를 할 수도 있습니다. 남편은 편히 누워서 아내를 받아들이는 것이지요. 이렇게 부부는 창의적인 방법으로 서로 좋은 체위를 개발할 수 있습니다.

남편을 유혹하려면 의상을 바꾸십시오

남자들은 성감대가 단순합니다. 눈이 성감대입니다. 남편과 성관계하기로 한 날이라면 야한 잠옷을 입는 것으로 충분합니다. 길이는 엉덩이를 살짝 덮는 것이 좋습니다. 비치는 재질이라면 금상첨화입니다. 어떤 분은 목부터 발목까지 오는 긴 잠옷에 단추를 온통 잠그는데 그러면 안 됩니다. 색깔도 여러 개를 구입해서 바꿔 입으십시오. 남편은 자신의 외모를 아무렇게나 방치하는 아내한테서 전혀 성적인 감동을 느끼지 못합니다.

외모뿐만 아니라 내면의 아름다움도 가꾸십시오. 옷은 아름답게 입었는데 입에서는 불평과 욕과 비웃음이 가득하다면 아무도 좋아하지 않을 것입니다. 집에 남자를 끌어당기는 '자석'을 두라는 말이 있습니다. 남편도, 마찬가지입니다. 서로를 성적으로 만족시켜 주지 못하면 다른 곳에서 성적 만족을 찾게 만드는 것입니다. 특히 아내의 특권은 아름다움입니다. 예민한 남편의 눈을 즐겁고 행복하도록 남편을 유혹하시기 바랍니다.

침실의 조명을 밝히십시오

여성들은 침실의 조명을 은은히 켜고 로맨틱하게 스킨십하는 장면을 상상하곤 합니다. 그러나 침실은 조명을 좀 더 밝게 해 놓는 게 좋습니다. 왜냐하면 남성의 특성 때문입니다. 남자는 눈이 예민해서 아내의 벗은 몸을 보면 성욕이 올라갑니다. 잠자리에서는 좀 더 과감하게 조명을 밝게 하십시오. 어두움과 부드러운 조명 사이의 조도를 이용하거나 촛불을 이용하면 멋진 분위기를 연출할 수 있습니다. 한국의 아내들이 잠자리에서 불을 끄라고 말하는 것은 스스로의 알몸을 적나라하게 남편에게 보이는 것이 부끄럽거나 몸매에 자신이 없어서 그렇습니다. 그러나 남편은 아내의 벗은 몸만 봐도 흥분이 되니 부끄러워 말고 담대히 옷을 벗고 유혹하세요.

자기 전에 기도하십시오

식욕, 수면욕, 성욕은 본능적이면서도 강력한 욕구입니다. 못 먹고 못 자면 생체 리듬이 깨지고 생활이 엉망이 되듯이 성욕도 충족이 안 되면 문제가 생깁니다. 이 세 가지는 하나님이 주신 본능으로서 당연히 좋은 것입니다. 그러나 반드시 절제되어야 합니다. 식욕대로 마구 먹으면 안 되듯이 성욕도 절제해야 합니다.

우리는 흔히 식사할 때 기도하고 잠자기 전과 후에도 기도합니다. 그러나 성관계할 때 기도한다는 사람은 못 보았습니다. 나는 관계 전과 후에 기도해야 한다고 생각합니다. 부부의 성은 하나님께 드리는 예배 행위라 할 수 있으므로 기도와 감사로 거룩한 성관계를 누리는 것이 축복을 누리는 길입니다.

"하나님, 이렇게 성적인 축복을 누리게 하시니 감사합니다. 서로 하나되게 하시고 좋은 가정을 일굴 수 있게 하옵소서. 좋은 배우자를 주셔서 감사합니다."

거룩한 성을 누릴 수 있도록 기도해야 합니다. 크리스천의 성은 육체적 쾌감이 목적이 아니라 서로 섬기며 한 몸을 이루는 것이 목적입니다. 육체적 쾌감은 성관계의 부산물임을 기억하십시오. 부부가 꼭 껴안고 한 몸 됨을 체험할 때 최고의 기쁨과 만족이 있습니다. 이것이 성경적입니다.

서로의 만족도에 대해 이야기하십시오

부부가 성에 대해 대화하려면 쑥스럽습니다. 성관계에서 요구사항을 말하려면 왠지 경험이 많고 색을 밝히는 것 같아서 꺼려집니다. 그래서 만족스럽지 않아도 그냥 넘어가는 경우가 많고, 그러니 성이 즐겁지 않고 괴롭게 느껴집니다.

미국의 성 치료사 글로리아 브래임 박사는 "배우자와 성에 대해 대화하지 않으면 만족스러운 관계를 유지하기 힘들다"면서 "당신의 욕구를 더 많이 표현하고, 좋아하는 행동을 요청하고, 배우자의 요구에 귀를 기울여 행동한다면 성생활은 한층 더 좋아질 것"이라고 했습니다.

성관계를 할 때 서로 대화해야 합니다. 성에 대해 대화하는 겁니다. 아내는 남편이 애무할 때 눈 딱 감고 혀 깨물고 통나무처럼 누워 있으면 안 됩니다. 피아노 칠 때 소리가 안 나면 누가 피아노를 치고 싶겠습니까. 아내는 남편에게 정보를 주어야 합니다. "여보, 거기 좋네. 그 옆으로 만져 보세요. 너무 세게 하지 마세요. 가볍게 만지세요. 혀로 좀 해 주실래요?" 이렇듯 정보를 주어야 테크닉이 발달하게 됩니다.

미국의 웨딩 전문 매체인 〈브라이즈〉(BRIDES)는 '더 나은 섹스를 위한 6가지 대화'를 소개했는데 새겨 볼 만합니다(출처: 코메디닷컴 www.kormedi.com).

1. 성관계를 어떻게 시작할 것인지에 대해 이야기하라.
2. 가장 흥분하게 하는 요소, 기분 잡치게 하는 요소가 무엇인지 말하라.
3. 섹스에 대한 환상을 터놓고 이야기하라.
4. 섹스의 변화에 대해 이야기하라.
5. 신체적 한계를 논의하라.
6. 신혼여행 후 일정을 계획하라.

성 치료사 글로리아 브래임 박사는 "신체적인 문제로 특정 체위를 하지 못하거나 삽입이 고통스러울 수 있으며, 임신으로 섹스의 느낌이 예전과 달라질 수도 있다"고

했습니다. 그리고 "파트너가 당신의 특별한 요구사항을 제대로 이해하는지 꼭 확인해야 한다"고 강조했습니다.

신혼 때는 서로 불꽃이 튀어도 오래 살다 보면 사랑하는 감정도 누그러지고, 육아로 파김치가 되어 성생활은 뒷전이 됩니다. 그러나 그런 때일수록 즐거운 성생활을 위해 시간을 들이고 노력을 기울여야 합니다. 부부간에 성생활은 매우 중요한 일이기 때문입니다. 짧은 성관계를 하든, 애무를 하든, 발을 문질러 주든 두 사람이 대화를 하면서 서로 만족할 수 있는 합의점을 만들어 가십시오.

나는 성관계 후 아내에게 물어봅니다. "1 to 10?" 그러면 아내는 "이번에는 5" 이렇게 대답합니다. 어떤 때는 7이 되기도 합니다. 내가 왜 이렇게 자세하게 설명하느냐하면, 부부가 성적으로 만족해야 다른 데서도 갈등이 없기 때문입니다. 그러면 외부에서 성적 유혹이 오더라도 쉽게 이겨 낼 수 있습니다.

남자들은 '다른 여자들은 어떨까?' 하는 생각을 많이 합니다. 이건 남자들이 나빠서가 아니라 그런 생각이 자연스럽게 드는 겁니다. 그런데 내가 의사로서, 그것도 산과 마취과 의사로서 말씀드리는데 여자는 다 똑같습니다. 하나도 다르지 않습니다. 결국은 기술의 문제인 것입니다.

다른 여자는 다를 것 같다는 사탄의 목소리에 넘어가지 말고 아내와 남편의 기술을 개발하여 풍성한 성을 누리기 바랍니다.

chapter 11

배워야
즐겁습니다

즐겁게 성을 누리려면 나의 배우자가 어디서 즐거움과 만족을 느끼는지 서로 연구해야 합니다. 좀 더 구체적으로 남자와 여자가 좋아하는 성관계의 방법을 알아보고자 합니다.

즐거운 합일, 어떻게 해야 할까요?

내 신부야 네 입술에서는 꿀방울이 떨어지고 네 혀 밑에는 꿀과 젖이 있고 네 의복의 향기는 레바논의 향기 같구나 내 누이, 내 신부는 잠근 동산이요 덮은 우물이요 봉한 샘이로구나 아 4:11-12

"입술에서 꿀방울이 떨어지고" 이것은 가벼운 뽀뽀입니다. 다음 "네 혀 밑에는 꿀과 젖이 있고"는 프렌치 키스입니다. 그리고 "잠근 동산이요 덮은 우물이요 봉한 샘"은 아내의 성기를 의미합니다. 남편은 그것을 보면서 감탄하고 성적인 충동을 느낍니다. 덮은 우물이나 봉한 샘은 처녀막이 있는 처녀라는 뜻입니다.

네게서 나는 것은 석류나무와 각종 아름다운 과수와 고벨화와 나도풀과 나도와 번홍화와 창포와 계수와 각종 유향목과 몰약과 침향과 모든 귀한 향품이요 아 4:13-14

수많은 향기가 열거되고 있습니다. 모두 여자 특유의 향기로, 페로몬을 의미합니다. 성기에서 나는 냄새를 향기로 표현하고 있습니다. 털이 페로몬을 간직하고 있는데 이 냄새가 남편을 성적으로 자극합니다. 그래서 여자들만 있는 방에 남자가 들어가면 싱숭생숭해집니다. 여성의 향기가 자극하기 때문입니다. 아내가 성적으로 흥분되면 아내의 성기는 동산의 샘이 넘쳐서 레바논에 흐르는 시내처럼 성기를 적시게 됩니다. 이때 남편은 최고조로 성욕이 오르고 아내도 성욕을 느끼면서 남편에게 요구합니다.

> 북풍아 일어나라 남풍아 오라 나의 동산에 불어서 향기를 날리라 아 4:16

즉 성적인 합일을 요청하는 것이지요. 이때 부부는 하나가 되는 놀라운 체험을 합니다. 부부는 행복하고 전 인격적인 하나됨 속에서 하나님을 찬양합니다. 얼마나 아름다운 모습입니까. 이렇게 성경은 부부의 성을 아름답고 거룩하게 묘사하고 있습니다. 그러면 어떻게 하면 즐겁게 합일을 이룰 수 있을까요?

여자를 즐겁게 하는 기술을 배우십시오

여자의 최고 성감대는 질과 음핵입니다. 계속 자극을 받으면 음핵이 팽창하고 질 입구에 있는 소음순이 두세 배로 커집니다. 음핵은 여성이 성적 자극을 가장 강하게 받는 민감한 곳입니다. 남편은 아내가 오르가슴에 오르도록 직접 또는 간접적으로 음핵을 자극해야 합니다.

> 그가 왼팔로 내 머리를 고이고 오른팔로 나를 안는구나
> 아 2:6, 8:3

솔로몬이 술람미 여인에게 했던 것처럼 왼손으로 아내의 머리에 베개를 해 주고 오른손으로 스킨십을 해 보십시오. 이 자세에서 남편은 아내의 입술, 목과 가슴 그리고 아내의 외음부를 애무할 수 있습니다.

남편은 음핵의 정확한 위치를 파악하여 손으로 만져 주면 좋습니다. 손가락을 음핵의 줄기에 대고 일관성 있게 끊임없이 움직이는 것이 아내를 자극하는 데 가장 효과적입니다. 처음 음핵을 자극할 때는 매우 부드럽고 느리게 애무해야 최상의 만족감을 느끼게 됩니다. 남편이 하기 어렵다면 아내 스스로 손으로 자극을 해도 괜찮습니다.

아내가 충분히 흥분되었다면 질은 남자의 음경을 꽉 조일 수 있는 준비를 갖추게 됩니다. 남편은 아내가 충분히 흥분될 때까지 계속 애무를 해야 합니다. 충분히 하지 못하고 삽입할 경우 아내는 굉장히 아플 뿐만 아니라 즐거움도 누리지 못합니다. 남편은 최선을 다해 아내의 성감

대를 애무해야 하고, 아내는 정신적, 육체적 긴장을 풀고 남편에게 몸과 마음의 문을 열어야 합니다.

흥분이 계속될 경우 질에서 액체가 나와 촉촉해져서 음경이 잘 삽입되도록 도와줍니다. 그런데 긴장해 있거나 흥분하지 않으면 질이 건조하고 액체가 잘 나오지 않습니다. 그러면 남편의 음경이 삽입될 때 굉장히 아픕니다. 만일 자연적으로 잘 안 된다면 윤활제를 구입해 바르는 것도 좋습니다. 음경의 귀두 부분과 질 외부에 윤활제를 바르고 관계를 하면 됩니다.

음경을 삽입할 때 남편은 부드럽게 해야 하고 너무 세차게 밀어넣어서는 안 됩니다. 세게 하는 것이 오히려 아내의 자극을 감소시키기 때문입니다. 음경을 삽입한 후라도 아내가 오르가슴에 이르게 하기 위해 음핵을 가볍게 애무하는 것이 필요할 수도 있습니다. 또한 성기가 질 안에서 움직이면서 15분 정도 즐길 수 있도록 해야 하며, 적어도 질 안에 머무르는 시간이 30분 이상 되게 해야 합니다.

오르가슴은 여성이 성관계 시에 느끼는 가장 절정의 쾌감으로서 세상 모든 것이 사라지고 정지한 것처럼 보이는 정서적인 절정입니다. 남편은 정액을 배출할 때 최고의 쾌감을 느낍니다. 남편은 사정을 끝내자마자 아내의 음핵을 손으로 더 자극할 수 있는데 이렇게 하면 아내는 또다시 오르가슴을 경험할 수 있습니다.

오럴 섹스에 대해 말씀드리겠습니다. 성경에는 이것이 좋다 나쁘다 하는 언급이 전혀 없습니다. 그러나 만약 서로 허용한다면 상대를 행복하게 해 주기 위한 섬김으로서 개발할 수는 있다고 생각합니다. 그러나 상대가 원하지 않으면 강요해서는 안 됩니다. 특별히 여자는 젖꼭지를 손으로 애무하면 아픔을 느낍니다. 유두나 음핵은 너무나 예민해서 손으로 세게 누르면 즐거움을 느끼기보다는 아픕니다. 그래서 혀로 아주 부드럽게 애무해 줄 수 있고, 원하면 성기도 입으로 부드럽게 해 줄 수 있습니다. 아내가 남편에게 해 주는 것을 의학 용어로 펠라티오(fellatio)라고 합니다. 그리고 남편이 아내의 음핵 등을 애무하는 것을 쿤닐링구스(cunnilingus)라고 합니다.

부부는 이렇듯 서로를 탐험하고 개발하면서 만족감을 높여 갈 수 있습니다. 단 여기서 주의할 것은 항문성교는 안됩니다. 이는 동성애자들이 많이 쓰는 방법인데 여러 좋지 않은 질병을 일으킵니다.

남자를 즐겁게 하는 기술을 배우십시오

남자는 여자처럼 복잡하지 않고 단순합니다. 애무와 시각적인 자극 또는 성욕을 자극하는 생각을 통해 성욕이 촉발된 지 몇 초 내에 발기가 됩니다. 느긋하게 아내와 성을 즐기는 동안 더욱더 발기가 될 것입니다. 아내는 남편의 발기를 최대한 유지하려 음경의 줄기와 귀두 아래쪽을 애무해야 합니다.

성관계 후에는 사랑과 감사를 표현하는 시간을 꼭 가지십시오.

변화를 주십시오

가끔 예상대로만 진행되는 기계적인 성관계를 지양하고 변화를 주십시오. 오르가슴을 느끼는 것을 목표로 삼지 말고 부드러움과 감각적인 즐거움을 느낌으로써 변화를 줄 수 있습니다. 관계하는 시간이나 환경의 변화, 다양한 전희, 빈도, 체위, 분위기 등에 변화를 주면 성관계는 재밌으며 가끔은 아주 열정적이고 가끔은 느긋하고 부드럽게 유지할 수 있습니다. 가끔 둘만의 시간을 위해서 방해 받지 않는 호텔을 이용할 수도 있습니다.

꼭 음경을 삽입하지 않더라도 좋습니다. 부부간의 성적

만족은 육체의 합일만이 전부는 아닙니다. 부드러운 스킨십, 사랑의 대화, 격려, 공감 등이 합쳐져서 아주 만족스러운 형태의 성적 합일을 이룰 수 있습니다.

몇 번이나 할까요?

성관계는 정기적으로 하십시오. 미국의 통계가 있는데, 평균 횟수는 '나이의 앞자리×9'로 계산하는 게 좋습니다. 20대는 2×9=18이니 10일에 8번, 30대는 3×9=27이니 20일에 7번 하면 좋습니다. 이는 2~3일에 한 번 하는 것입니다. 40대는 5일에 한 번 하면 좋습니다. 이게 일반적입니다.

그런데 가능하면 서로 고단하지 않고 준비가 되어 있을 때 하는 게 좋습니다. 또 규칙을 정하는 것도 좋은 방법입니다. 어떤 부부는 받침이 없는 날짜에 한다고 합니다. 일, 월, 목, 금요일은 안 하고 화, 수요일에 한다고 정한 것입니다.

물론 꼭 그렇게 하라고 정해진 것은 없습니다. 누구든 성욕이 생기면 잠자리를 요청할 수 있습니다. 남편이 출근하는데 아내가 유혹을 합니다. 남편이 말했습니다. "오늘은 목요일이야." 그때 아내가 코맹맹이 소리로 말합니다. "아니에요. 오늘은 모요일이에요." 얼마나 위트가 있습니까. 이렇게 성욕이 생긴 사람이 날짜를 옮긴다든지 서로 합의해서 하는 게 좋습니다.

즐거운 잠자리를 위한 운동을 하십시오

나는 계속 케겔(kegel) 운동을 권면하고 있습니다. 여자는 구멍이 세 개 있습니다. 소변이 나오는 구멍과 질, 항문이 그것입니다. 구멍 근처에는 근육이 있습니다. 치골미골근(pubococcygeus muscle)으로 이 근육을 강화시켜야 합니다. 그러면 요실금도 방지되고 남편이 아내 몸속으로 들어갈 때도 즐겁습니다. 조여 주기 때문입니다. 만일 재채기만 해도 소변이 나오는 분이 있다면 꼭 이 운동을 하십시오. 제 아내는 70대인데도 요실금이 없습니다.

케겔 운동은 간단합니다. 소변 보고 싶을 때 팬티를 벗고 목욕탕에 들어갑니다. 선 자세에서 1미터쯤 다리를 벌리고 소변을 3초 동안 봅니다. 그 후 3초 동안 참습니다. 다시 3초 동안 소변 보고 3초 동안 참고, 이것을 10번 반복합니다. 이 운동을 하루에 6번씩 하세요.

그런데 직장에 다니는 사람은 평소에 이렇게 운동을 하기 어렵습니다. 사무실에 앉아 있을 때도 이 운동을 할 수 있는 방법이 있습니다. 케겔 운동을 집에서 연습한 후에 그 기억을 살려서 앉은 자세로 근육을 조이는 훈련을 하는 겁니다. 질 부분을 조이고 풀어 주고를 반복하면 됩니다. 항문 근육이 아니라 그 앞의 질 부분의 근육을 조이는 겁니다. 남자들도 이 연습을 하면 조루증 예방에 좋습니다.

성적 테크닉도 배워야 즐겁습니다

신혼부부는 방해 받지 않고 몇 주간 즐거운 신혼을 보내는 게 좋습니다. 신혼부부는 영화에서처럼 처음부터 황홀하고 낭만적인 성관계를 나눌 거라고 생각하지만 현실에선 그렇지 못한 경우가 많습니다. 그런데 그건 당연한 겁니다. 서툴기 때문입니다. 그러므로 서로를 탐험하고 배워 가면서 즐거운 성을 누릴 수 있어야 합니다. 이것이 부부에게만 주신 특권입니다.

> 사람이 새로이 아내를 맞이하였으면 그를 군대로 내보내지 말 것이요 아무 직무도 그에게 맡기지 말 것이며 그는 일 년 동안 한가하게 집에 있으면서 그가 맞이한 아내를 즐겁게 할지니라 신 24:5

결혼한 후 처음 몇 주가 신혼부부에게 매우 중요합니다. 신명기에서는 신혼인 남편에게 1년간 군대에 보내지 말고 아내를 즐겁게 하라고 합니다. 아내를 즐겁게 한다는 것은 성적인 측면에서 아내를 기쁘게 해 주는 것을 의미합니다.

신혼에는 가급적이면 TV 시청도 줄이고 같이 요리도 하고 청소도 하며 더욱 친밀해질 수 있도록 노력해야 합니다. 서로를 아는 일이 저절로 되지 않습니다. 남편은 아내를 연구하고, 아내도 남편을 연구해야 합니다. 눈빛만 봐도 아는 경지는 오랜 시간 서로 맞추었기 때문에 도달할 수 있는 것입니다. 평화는 그냥 주어지지 않습니다. 열심히 연구하고 때로 아픔을 겪으면서 다듬어질 때 평화를 누릴 수 있습니다.

우리는 사랑하는 사람과 하나가 될 때 가장 큰 만족을 느낍니다. 신혼부부는 성관계가 미숙할 수밖에 없습니다. 그래서 성적인 기술을 배워야 합니다. 이것은 결코 이상한 일이 아닙니다. 계속 강조하지만 그것은 서로에게 의무를 다하기 위한 섬김이고 사랑입니다. 배우자에게 성적 만족을 주는 건 책임의 문제입니다. 성경은 성의 즐거움을 누리라고 말합니다. 가정에 문제가 있을 때 서로 의논

하듯 성 문제도 서로 의논하는 것이 좋습니다.

  남녀의 차이를 알고, 올바른 기술을 익히며, 실습을 하면서 알아 가면 성적 불만족이 해소될 것입니다.

  나는 내 아들들이 결혼하기 전에 며느리와 함께 앉혀 놓고 성교육을 했습니다. 먼저 남녀의 성기관을 그림을 통해 자세히 가르쳐 주고 첫날밤에 아프지 않게 행복한 성관계를 할 수 있는 방법을 가르쳐 주었습니다. 며느리는 첫날밤이 너무나 좋았다고 저에게 보고했고 친구들에게도 이야기했답니다. 이렇게 잘 배우면 처음부터 행복한 부부관계를 맺을 수 있습니다.

chapter 12

모든 것이
완벽하지는 않습니다

관계를 하다 보면 반드시 장애물을 만나게 됩니다. 그러나 부부가 노력해 이 문제를 극복한다면 장애물은 단지 장애물로 끝나지 않고 부부의 관계를 더욱 돈독하게 해주는 열쇠가 될 것입니다.

두 사람이 문제점을 해결하는 비결은 문제의 원인을 상대방 탓으로 돌리는 것이 아니라 자기 책임을 더욱 강조하는 데 있습니다.

배우자가 잠자리를 거부합니다

아이들이 깰까 봐, 너무 늦어서, 아파서, 피곤해서, 안 내켜서, TV나 게임을 하고 싶어서 등 배우자가 잠자리를 거절하는 이유는 여러 가지입니다.

> 남편들아 이와 같이 지식을 따라 너희 아내와 동거하고 그를 더 연약한 그릇이요 또 생명의 은혜를 함께 이어받을 자로 알아 귀히 여기라 이는 너희 기도가 막히지 아니하게 하려 함이라 벧전 3:7

> 남편은 그 아내에 대한 의무를 다하고 아내도 그 남편에게 그렇게 할지라 아내는 자기 몸을 주장하지 못하고 오직 그 남편이 하며 남편도 그와 같이 자기 몸을 주장하지 못하고 오직 그 아내가 하나니 서로 분방하지 말라 다만 기도할 틈을 얻기 위하여 합의상 얼마 동안은 하되 다시 합하라 이는 너희가 절제 못함으로 말미암아 사탄이 너희를 시험하지 못하게 하려 함이라 고전 7:3-5

'동거한다'는 말은 같이 산다는 의미도 있지만 성관계를 의미하기도 합니다. '동거하다'는 헬라어로 '수노이쿤테스'(συνοικυντεσ)인데, 이 단어는 '수노이케오'(συνοικεο)에서 온 말로 성관계와 관련된 말이라고 합니다(《성경이 말하는 남과 여 한 몸의 비밀》, 현용수 저). "지식을 따라" 동거하라는 말은 남편은 아내가 어떤 걸 좋아하고 어떤 걸 싫어하는지 연구하라는 뜻입니다. 그래서 아내를 행복하게 해 주라는 뜻입니다.

부부는 성관계를 할 때 내 욕망이 아니라 사랑하는 남편, 사랑하는 아내를 어떻게 행복하게 해 줄까에 집중해야 합니다. 성관계를 내 욕망을 채우는 도구로 사용해서는 안 됩니다. 성관계를 통해 섬김의 훈련을 해야 하는 것입니다. 부부 사이에 성적인 연합이 이루어지지 않으면 기도도 막힙니다. 성적 불만이 쌓이면 부부관계는 물론 사회생활, 교회 생활에도 영향을 미칩니다.

잠자리를 거절하는 이유가 무엇인지 배우자의 내면을 살펴보십시오. 상대가 미워서, 더 이상 사랑의 감정이 없어서 그렇습니까? 그렇다면 그 문제를 해결해야 합니다. 부부 사이에 생긴 틈은 사탄에게 공격거리를 주기 때문입니다.

그리고 남편은 살림으로 지친 아내를 물심양면으로 도와주어야 합니다. 심신이 지친 아내를 전혀 돕지 않으면서 "함께 자자" 하면 누가 좋아하겠습니까. 남자는 기분 나쁘거나 걱정이 있거나 싸웠더라도 언제 어디서든 성관계가 가능합니다. 그러나 여자는 마음이 먼저 열려야 몸이 따릅니다. 여자는 존경과 배려, 그리고 사랑과 보호를 받을 때 마음이 열립니다. 아내에게 사랑과 격려의 말을 해 주고 배려해 주십시오.

어떤 부부는 결혼해서 한 번도 '사랑한다, 애썼다, 당신이 최고다'라는 말을 나눠 본 적이 없다고 합니다. 이렇게 무미건조해서야 제대로 사랑을 나눌 수 있겠습니까? 이미 너무 익숙해져서 그런 대화가 낯간지럽다면 의지적으로라도 시작해 보십시오.

성경은 부부가 성생활을 중단하는 데 합당한 조건은 '상호간의 합의가 있을 때', '단기간일 때', '기도에 전념하고자 할 때' 이 세 가지뿐이라고 말하고 있습니다.

성욕이 생기지 않더라도 상대방이 요구하면 거절하지 말아야 합니다. 아내가 성욕이 없어도 다급한 남편을 섬겨야 합니다. 남편도 마찬가지입니다. 아내가 원하면 섬겨야 합니다. 배우자의 요청을 계속 거절하는 건 자존심에 치명적인 상처를 입히는 것입니다. 그렇지만 거절하는 아내의 입장, 남편의 입장도 배려해야 합니다.

만일 상황이 여의치 않아서 성관계하기 어렵다면 가능한 날을 합의해서 잡아 보십시오. 그리고 그날은 스케줄과 컨디션을 조절하고 배우자를 기대하십시오.

잠자리를 거부하는 것은 단지 행동을 거부하는 것이지 인격 자체를 거부하는 것이 아님을 꼭 인식해야 합니다. 그러므로 거절할 때도 상대의 마음이 상하지 않게 해야 합니다. 많은 남편이 아내에게 잠자리를 요구했다가 거절당하면 화를 내며 퉁명스럽게 반응하는 경우가 많습니다. 그러나 마음이 상했을지라도 상대를 모욕하고 복수하는 게 아니라 배우자의 감정을 인정하고 사랑하는 태도로 대응해야 합니다. 그리고 자기 감정을 배우자에게 솔직히 털어 놓고 나누십시오. 모욕으로 생긴 두 사람 사이에 생긴 틈은 방치하면 더 큰 문제를 일으킵니다.

아내가 너무 아프다고 합니다

성에 대해 긍정적으로 생각하면 성관계를 할 때 즐겁습니다. 그런데 성관계에 대해 부정적이거나 결혼 전에 좋지 않은 성적 트라우마가 있다면 성에 대해 두려움이 있어서 긴장하고 무서워합니다. 그러면 질 입구 근육(퓨보콕시제우스)이 조여서 닫혀 버립니다. 그러면 남편이 아내의 몸으로 들어가지 못합니다. 아내는 아파 죽겠다고 하고 남편은 성관계를 못해 힘들어합니다. 나는 심지어 결혼생활 6년 동안 한 번도 성관계를 가지지 못한 부부를 상담한 일도 있습니다. 성적 트라우마 때문에 긴장이 되어 관계하기가 어려운 것입니다.

이럴 경우 남편은 아내가 왜 관계하기를 싫어하는지 그 동기를 파악해야 합니다. 이때 남편은 아내를 긍휼의 마음으로 위로해 주고 서두르지 말며 아내의 몸과 마음이 열리도록 도와주어야 합니다.

성에 대해 긍정적 자세를 갖기 바랍니다. 성관계를 거부하는 내면의 문제가 있다면 먼저 자신을 들여다보고 그 상처를 이해하고 용서하며 치유해야 합니다. 어릴 때 받은 성폭행 등의 아픈 상처는 내적 치유 세미나 등에 참석해서 상담도 받고 치유해야 합니다.

너무 바빠서 성관계를 못합니다

최근에 어느 지역에 가서 신혼부부 아홉 쌍을 모아 놓고 성 강의를 했습니다. 어느 자매의 초청으로 간 건데, 남편이 대기업에 다닌다고 했습니다. 그런데 얼마나 일이 고된지 남편이 매일 파김치가 되어 돌아와서 신혼부부인

데 한 달 동안 성관계를 한 번도 못 했다고 합니다. 자매는 남편이 자기를 무시하고 잠만 자니 너무 힘들어서 상담을 한 것입니다. 나는 포기하지 말고 둘이 특정한 날을 정해서 시도해 보라고 했습니다. 평일은 바쁘니 주말에 하면 좋을 것 같다고 했습니다. 이때 아내는 포기하지 말고 적극적으로 행동해야 합니다.

나는 자매에게 먼저 "당신 참 고단하구나" 하면서 남편을 눕게 한 후 어깨와 손발을 마사지해 주라고 했습니다. 그러다 성기도 마사지하고 기분이 좋으면 펠라티오도 해 주라 했습니다. 그러면 남편이 발기가 될 것입니다. 그때 여성 상위로 천천히 성관계를 시도해 보라고 했습니다. 그 랬더니 자매가 어떻게 그렇게 하냐며 울상을 지었습니다. 나는 "괜찮으니 한번 해 보세요" 했습니다. 자매는 몇 주 후 내 조언대로 시도해서 성공했다고 전해 주었습니다.

너무 고단하면 몸에 에너지가 고갈되어서 성욕이 떨어집니다. 이때 부부가 함께 노력해야 합니다. 그렇지 않으면 섹스리스 부부가 되기 십상입니다.

배우자가 피곤해 합니다

아이 양육으로 파김치가 되었을 때, 직장에서 상사한테

엄청 깨져서 몸도 마음도 쉬고만 싶을 때 배우자가 관계를 원한다면 어떻게 해야 할까요? 마음이 도저히 내키지 않으면 "왜 그렇게 밝혀? 피곤해" 하고 등을 돌리지 말고 지혜롭게 말해야 합니다. 면박을 주면 상대방은 수치심을 느끼고 마음 문을 닫아 버립니다. 이때는 "당신을 기쁘게 해 주고 싶지만 오늘은 힘들어요. 다음 날 하면 안 될까요?" 하고 부드럽게 말해야 합니다. 배우자를 꼭 안아 주며 "여보, 사랑해요" 하면 마음 상할 사람은 없습니다. 오히려 배우자가 "마사지해 줄까요?" 하며 어깨나 발을 주물러 줄지도 모릅니다.

음경을 삽입하는 것 말고도 서로 포옹을 하며 잠들거나 스킨십을 하는 것도 서로 사랑을 느낄 수 있는 좋은 방법입니다.

남편이 조루증입니다

많은 경우 혼전에 관계를 가진 남자가 조루증을 일으키기 쉽습니다. 사춘기에 부모님에게 들키기 전에 몰래 빨리 끝내야 하거나 모텔 등에서 급히 관계를 마치려다 보니 빨리 사정하게 되는 것입니다. 조루증은 그 후유증으로 생길 수 있습니다. 그런데 아내는 남편이 이럴 경우 정서적으로 상처를 받습니다.

조루증의 원인은 여러 가지이니 한마디로 정의할 수 없습니다. 심각한 경우는 비뇨기과를 방문해서 전문의의 상담을 받고 해결할 수 있습니다. 포기하지 말고 치료 받으십시오.

혼전 성경험으로 정죄감이 듭니다

혼전 성경험에 대한 부정적인 생각 때문에 남편과 관계할 때 몸이 긴장되고 예전에 성관계를 했던 남자가 생각나기도 해서 괴로워하는 사람들이 있습니다. 혼전 성경험은 안타까운 일이지만 이미 지나간 일이므로 그 기억을 붙잡고 살아가선 안 됩니다.

> 그러므로 이제 그리스도 예수 안에 있는 자에게는 결코 정죄함이 없나니"롬 8:1

남자가 스스로에게는 관대하면서 아내의 과거를 용서하지 못하는 경우도 많습니다. 회개하고 잊으십시오. 주님께서 대가를 지불하셨으니 자유하기 바랍니다. 그러나 회개해도 죄책감이 계속 들 경우 결혼 전에 고백하고 용서를 받으십시오. 그런 후에 결혼하십시오. 만약 상대가 용서하지 못한다면 결혼은 위험합니다.

아내가 임신을 해서 잠자리를 피합니다

여자는 임신을 하면 성욕이 급격히 떨어집니다. 뱃속의 아기를 보호하려는 본능 때문에 그렇습니다. 혹시 성관계가 아기에게 해롭진 않을까 조심스러운 것이지요. 그런데 남편의 성욕은 그대로이니 괴로울 수밖에 없습니다.

이때 남편이 성욕을 자제하지 못해 바람을 피울 수도 있습니다. 그러므로 이럴 때는 아내에게 지혜가 필요합니다.

임신 기간 중에도 성관계가 가능한 시기가 있습니다. 임신 3개월까지는 성관계를 하면 안 됩니다. 유산될 가능성이 많기 때문입니다. 4~6개월에는 정상적으로 관계해도 괜찮습니다. 하지만 임신 8~9개월엔 하면 안 됩니다. 잘못하면 양수가 터지거나 염증이 생겨서 즉시 수술해야 하기 때문입니다.

정상적인 성관계가 어려울 때는 아내가 남편을 손이나 입으로 애무해 주고 사정하게 하는 방법을 권합니다. 임신 중에 부부의 성을 해결하는 방법입니다.

성, 그것이 알고싶다
남자 여자 상담소

성생활이 시들해졌을 때

═ 결혼한 지 오래되어 더 이상 남편에게 사랑의 감정이 느껴지지 않습니다. 그래서 더 이상 손도 대고 싶지 않을 때는 어떻게 해야 할까요?

═

남자는 거절을 당하면 분노합니다. 그래서 바람을 피울 가능성이 있습니다. 두 사람이 부부 상담을 먼저 받으십시오. 이혼은 가장 마지막 방법입니다. 그러므로 먼저 사랑을 회복하는 방법을 찾아야 합니다. 만일 둘 사이에 성 문제가 있어서라면 그에 대한 상담을 받아야 합니다. 왜 남편이 싫은지 그 원인을 알고 분석해야 합니다.

부부는 상대를 이용해서 내가 만족을 얻는 사이가 아닙니다. 어떻게 하면 서로를 섬겨서 행복하게 해 줄까를 생각해야 하지요. 누가복음은 "남에게 대접을 받고자 하는 대로 너희도 남을 대접하라… 너희가 받기를 바라고 사람들에게 꾸어 주면 칭찬 받을 것이 무엇이냐 죄인들도 그만큼 받고자 하여 죄인에게 꾸어 주느니라"(6:31-34)고 했습니다. 부부 사이에도 이런 태도가 중요합니다. 내가 받고자 하는 것을 받지 못했을 때 실망하고 더 나아가 상대가 나를 사랑하지 않는다고 결론을 내리는 것이 문제를 가져옵니다. 당신이 이만큼 주면 나도 이만큼 주겠다는 건 거래입니다. 부부관계가 거래나 뇌물 관계가 되면 파탄나기 시작합니다.

성경적 부부관계는 남편이 아내를 자기 몸처럼 사랑하고 여자는 복종하는 것입니다. 복종하기 힘들지요? 순종은 많이 가진 사람이 부족한 사람에게 베풀고 섬기는 것입니다. 이런 관계가 되면 받으려 하기보다는 주려고 생각합니다. 이것이 성경적인 해결법입니다.

이 경지까지 가려면 부부가 성숙해야 합니다. 사랑하는 사람에게는 뭐든지 주고 싶습니다. 미성숙한 부부는 거래 관계에 머물기가 쉽습니다. 결혼 전에는 상대의 요청을 다 수용하다가 결혼 후 거절하니 변했다고 느끼는 겁니다. 진정한 사랑은 주고 또 줘도 또 베풀고 싶은 것입니다. 이런 관계가 되고 싶으면 서로 말씀을 묵상하고 나눠야 합니다.

나와 아내는 오랫동안 말씀 묵상을 하고선 적용합니다. 삶 자체가 말씀의 적용이니 부부관계가 아름답습니다. 말씀으로 자신을 쳐서 복종하고 말씀에 순종하는 것이 답입니다. 인간적인 방법은 별 소용이 없습니다.

=== 오래 떨어져 있거나 너무 바빠 시간을 함께하기 힘든 부부가 결혼생활을 잘 유지할 수 있을까요?
===

있습니다. 그러나 너무 오래 떨어져 있으면 부부관계를 넘어뜨리는 걸림돌이 됩니다. 아이들 교육 등으로 오랫동안 떨어져 있는 부부가 많은데, 그러면 관계에 금이 가게 됩니다. 한국 엄마들은 남편과의 관계보다 자녀와의 관계를 더 중요시하는 경향이 있습니다. 그 우선순위를 바꾸어야 합니다. 자녀 교육보다 더 중요한 게 부부관계입니다. 자녀 교육은 두 번째입니다. 자녀가 의사, 변호사가 되면 뭐 합니까. 부부관계가 깨졌거나 이혼했다면 가족 모두에게 상처만 줄 뿐입니다.

기러기 아빠로 살다가 바람이 나서 이혼한 부부를 여럿 보았습니다. 부부가 오래 떨어져 있다 보면 그렇게 될 수밖에 없습니다. 남자는 정낭에 꾸준히 정액이 찹니다. 그러면 모든 여자들이 예뻐 보이기 시작합니다. 여자를 순수하게 보는 게 아니라 여자의 몸을 상상하며 음욕을 품습니다. 그러다 바람이 나서 가정이 파괴되는 겁니다.

==== 성욕이 떨어지는 남편/아내, 어떻게 성생활을 즐겁게 발전시킬 수 있을까요?

====

한쪽이 여전히 관심이 있다면 그쪽이 주도권을 잡아야 합니다. 만일 여자가 관심이 있다면 밤에 속옷만 입은 채로 유혹을 한다든지 해서 남편의 성욕이 오르게 액션을 취해야 합니다. 성욕이 둘 다 떨어지면 큰 문제입니다. 겉으로는 아무 일도 일어나지 않겠지요. 그러나 관계는 더 악화될 수 있으니 서로 노력해야 합니다.

성에 대한 궁금증

=== 포르노와 실제 성관계는 많이 다르다고 하는데 뭐가 어떻게 다른가요?

===

포르노는 이상적인 몸매의 남자와 여자가 배우로 나옵니다. 포르노 배우들은 전문가들입니다. 연예인과 일반인이 다르듯이 부부의 성관계는 포르노 배우들이 하는 것과 다릅니다. 아내는 포르노 배우와 달리 가슴도 조그맣고 생김새도 평범합니다. 남편도 가슴이 떡 벌어지고 잘생긴 남자 배우와 비교가 안 됩니다.

포르노는 성관계를 이상적으로 만드니까 황홀하게 느껴지지만, 실제 부부간의 성관계는 그와 비교하면 일상적이고 평범합니다. 그래서 많은 남자들이 포르노에서 본 성적 황홀경을 경험하려고 술집 여자를 찾습니다. 바람을 많이 피우는 남자일수록 부부생활이 안 좋습니다. 술집 여자는 젊고 몸매도 좋고 테크닉도 훌륭합니다. 그들은 그 분야의 전문가니까요. 그래서 결혼한 남자들은 포르노를 끊어야 합니다. 죄의 자리엔 가선 안 됩니다. 자신할 수 없는 부분이 바로 성이기 때문입니다. 또한 포르노를 많이 볼 경우 조루증에 걸리기 쉽습니다.

═ 무슨 체위가 제일 좋은가요?
═

가장 일반적인 건 남편 상위 체위입니다. 그다음이 여성 상위입니다. 그리고 아내가 옆으로 눕고 남편이 등 뒤에 붙어서 관계하는 체위도 있습니다. 여자의 질이 항문 바로 앞에 있어서 뒤로 접근하면 쉽고 덜 고단합니다. 아내가 엎드리고 남편이 뒤에서 하는 방법도 있습니다. 그리고 남편이 의자에 앉고 아내가 의자에 올라가 관계를 하는 체위도 있습니다. 여러 체위를 실험해 보고 서로 대화해서 부부에게 만족스런 체위를 선택하는 게 좋습니다.

═ 여자가 생리하는 날 성관계를 하면 정말 임신이 안 되나요?
═

임신이 안 됩니다. 생리는 4~7일간 하는데 이때는 배란이 안 됩니다.

=== 성적인 관계에 대한 환상이 있는데 실제는 어떤가요?
===

우리의 상상과 실제는 많이 다릅니다. 그러나 테크닉과 지식을 배워 나가면 성적 환상 이상으로 즐길 수 있습니다.

=== 남자들은 아침에 왜 발기하나요?
===

확실한 이론이 있는 건 아닌데 우리 몸엔 교감신경과 부교감신경이 있습니다. 낮에는 교감신경이 활동하고 밤에는 부교감신경이 발달합니다. 발기는 부교감신경이 주관합니다. 그래서 새벽쯤에 발기됩니다.

=== 생리 중에 남편이 잠자리를 요구하면 어떻게 하나요?
===

할 수는 있지만 위생적으로 좋지 않습니다. 레위기엔 부정하니 하지 말라고 했지만 죄는 아닙니다. 큰 병에 걸리거나 하진 않으나 부정하니 가능하면 삼가는 게 좋습니다.

이때 남편이 성욕이 올라 힘들어하면 아내가 남편을 펠라티오해 주면 좋습니다. 임신 중에도 이러한 방법으로 남편이 사정할 수 있도록 도와주세요. 남편은 사정을 하면 성욕이 떨어집니다.

=== 생리 주기로 피임을 할 때 임신으로부터 안전한 날이란 정확히 언제입니까?

===

언제부터 언제까지가 안전한 날이라고 딱 정해서 말하기 어렵습니다. 왜냐하면 여성마다 배란과 생리 주기가 다르기 때문입니다. 대개 배란 주기는 28~30일 사이에서 왔다 갔다 하는데, 어떤 여성은 40일 간격으로 배란이 되기도 합니다. 또한 늘 30일 간격으로 배란이 되다가도 여성의 컨디션에 따라 이 주기가 달라지기도 합니다. 그래서 여성의 몸은 1년 365일이 가임기(임신이 가능한 시기)라고도 말합니다.

그러나 주기적으로 생리를 하는 여성의 경우 다음 생리 예정일을 알고 있다면 대략적인 가임기를 계산해 볼 수 있습니다. 다음 생리 예정일로부터 14일 전이 배란 예정일이며, 이 배란 예정일로부터 앞으로 3일, 뒤로 3일을 가임기라고 합니다. 이때는 배란이 될 가능성이 있는 시기이니 임신 계획이 없다면 피임하는 것이 좋습니다.

═ 성관계 시 성욕을 높이기 위해 성인용 비디오를 봐도 될까요? 야동이 부부관계에 악영향을 주나요?

═

모호한 질문입니다. 야동을 보며 성욕이 생긴다면 좋은 효과인데 야동에 빠져 그 여자 배우를 생각하게 된다면 잘못된 음욕이 될 수 있습니다. 야동을 습관적으로 보는 건 위험합니다. 여자는 관계할 때만 볼 수 있지만 남자는 시도 때도 없이 볼 수 있습니다. 가끔 둘이 보는 건 괜찮은데 자주 보는 건 좋지 않습니다.

═ 부부관계의 유무가 건강에도 영향을 미치는지요? 혹시 노화가 빨리 오거나 여성의 경우 자궁 속 질병에 걸릴 확률이 높지는 않은가요?

═

그런 건 없습니다. 그러나 부부생활을 정기적으로 하는 커플은 몸이 활성화되어 건강에 좋습니다.

═ 여자의 처녀막 유무로 처녀인지 아닌지를 확인할 수 있나요?

═

없습니다. 처녀막에서 피가 나는 경우는 50퍼센트밖에

없습니다. 처녀막이 두껍거나 얇은 사람 등 종류가 많습니다. 그걸로 처녀인지 아닌지를 확인할 수는 없습니다.

성관계 형태

═ 남편이 오럴섹스를 좋아하는데 사실 찝찝한 생각이 듭니다. 남자의 성기에서 나오는 액체는 깨끗한가요?

═

남편에게 깨끗이 씻으라고 요구해야 합니다. 성관계를 할 때는 남편의 성기에서도 윤활유가 나옵니다. 쿠퍼액이라고도 하는데 그건 깨끗합니다. 포경수술을 하지 않은 사람은 성기 끝부분이 귀두지(smegma)에 덮여 있어 냄새가 나기도 합니다. 수술을 권장합니다.

═ 결혼 전에는 몰랐는데 결혼 후 상대방이 이상한 변태성욕이라는 걸 알게 되었다면 어쩌나요?

═

상담을 받아야 합니다. 변태성욕의 종류는 여러 가지 있습니다. 어떤 증상인지에 따라 상담 내용이 다르지만, 어쨌든 변태 성향을 그대로 방치해선 안 됩니다. 성 전문가나 정신과 의사, 성상담소를 찾아가서 상담을 받고 치료 받아야 합니다.

자위행위

═ 자위행위는 성경적으로 나쁜 건가요?
═

성경에는 그런 말이 없지만 자칫하면 사탄의 도구가 될 수 있으니 조심해야 합니다.

═ 성욕을 해결하기 위해 자위행위를 하는 건 순결하지 못한 죄를 저지르는 것인가요? 만일 그렇다면 성욕을 어떻게 해결할 수 있을까요?
═

정낭에 정액이 차는 건 생리 현상입니다. 결혼하지 않은 남자는 보통 자위행위를 합니다. 정액이 차는 데까지 걸리는 시간은 어떤 생각을 하느냐에 따라 다릅니다. 포르노를 보면 금방 차고 성령 충만 하면 늦게 찹니다.
성경은 침묵하고 있지만 여자가 생리하거나 남자가 설정하면 부정하니 성소에 들어가지 말라고 나와 있습니다.

이것은 죄라서가 아니라 부정해서 들어오지 말라는 것입니다. 몽정은 싱글 남자나 십대가 합니다. 꿈꾸다 정액이 사출되었다 해서 몽정이라고 합니다. 꿈에 여자들이 나오면 황홀해지는데 꿈을 깨고 보니 잠자리가 축축해진 것입니다. 이것은 아주 정상적입니다.

성욕을 해결하려면 세 가지 방법이 있습니다. 첫째 승화입니다. 그런 생각이 들 때 거기에 빠지지 않고 성경을 본다든지 암송을 한다든지 운동이나 여가 활동을 하면서 그 에너지를 건강하게 발산하는 게 승화입니다. 둘째는 합리화입니다. 즉 그냥 자위행위를 하는 겁니다. 그리 좋은 건 아니지만 생리 현상이니 어쩔 수 없다고 생각하고 그냥 순응하는 겁니다. 세 번째는 개방형입니다. 이건 자위행위를 당연하다고 하여 권하는 겁니다. 그래야 남자들이 성범죄를 안 일으키기 때문입니다. 그러나 잘못하면 쾌락주의에 빠지고 성중독에 빠질 가능성이 있습니다.

나는 이 세 가지 중에 승화가 가장 좋다고 생각합니다. 정 힘들면 음욕을 품지 말고 성기만 사용해서 사정해 버리라고 말하고 싶습니다. 자위행위를 할 때 대부분 자기가 좋아하는 여자나 포르노에서 봤던 여자를 보며 상상합니다. 실제로 그 여자와 관계하진 않지만 마음속으로 그 여자의 유방, 성기를 상상하며 하는 것입니다. 그러면 음욕에 해당합니다. 하지만 상상하지 않고 성기를 자극해서 사정한다면 괜찮습니다. 음욕을 품지 않도록 자위행위를 하면 괜찮다는 것입니다.

남자들 방에 가면 여자의 나체 사진이 많습니다. 남자들은 그걸 보면서 자위행위를 합니다. 남자는 눈이 예민해서 여자의 유방, 성기를 보면 성욕이 올라갑니다. 그래서 넘어지기 쉽습니다. 나도 의사로서 연구를 많이 해 봤습니다. 일로 여자를 대할 땐 성욕이 안 일어납니다. 그러나 옆에서 관찰할 땐 성욕이 올라갑니다. 여자가 생각하기엔 이해가 되지 않는 일이지요. 왜 남자가 이걸 그렇게 좋아하는가 싶을 것입니다. 내가 묵상해 봤는데, 여자의 성기가 자기의 고향이기 때문이 아닌가 생각합니다. 거기서 보낸 10개월이 그리운 게 아닐까 싶습니다. 여자는 자기 몸에 지니고 있기에 그런 감정이 안 생기는 게 아닐까 합니다.

═ 40대 싱글남입니다. 성욕도 왕성하지 않고 자위행위도 하지 않아서 정액이 쌓여 방출되지 못하는 것이 불편합니다. 배출되지 않는 정액이 몸속에서 문제가 될 일은 없는지 궁금합니다.

═

정액을 내보내지 않아도 몸에서 흡수를 합니다. 그러니 남자들이 사는 것이지요.

═ 자위행위를 어떻게 끊나요?

═

승화하는 방법을 사용하십시오. 여가 활동이나 운동 등으로 에너지가 분산되도록 하는 겁니다. 말씀 묵상과 기도 생활을 하면 절제의 능력이 생깁니다. 스스로 그 유혹을 이길 수 있는 능력은 없습니다. 주님의 도우심을 구하세요.

═ 자위행위를 하면 건강에 좋다던데 맞나요?

═

건강이라는 것이 정신적 건강, 육체적 건강, 영적 건강으로 나눌 수 있는데, 육체적으로 안 한다고 병이 생기거나 하지 않습니다. 그렇다고 한다고 병이 생기는 것도 아닙니다. 그러나 정신적으로 자위에 의존하면 습관성이 될 수 있고 그러다 중독이 될 수 있습니다. 영적으로는 하나님과의 관계가 어려워질 수 있습니다. 하나님 묵상보단 성 묵상을 할 수 있으니 영적 정신적 건강을 위해 절제하시기 바랍니다.

═══ **자위행위를 끊고 싶지만 운동을 좋아하지 않으니 다른 방법이 없을까요?**

═══

교회 활동을 많이 하고 독서나 취미를 찾으세요. 다른 데 열중하면 그 생각이 안 듭니다. 아무 할 일이 없으면 스스로 자기를 유혹하게 됩니다.

음욕을 품지 말고 자극하여 푸는 것도 괜찮습니다. 중독이나 습관성이 되지 않는 범위 즉 한도를 넘지 않는 한에서 하세요. 씻다가 자극이 되어서 기분이 좋아지는 것에까지 죄책감을 가질 필요는 없습니다. 자다가 무심결에 만졌는데 기분이 좋아졌다면 그걸 죄악시할 필요는 없습니다. 그건 괜찮습니다. 자기 몸이 우상은 아니지만 몸을 즐기는 것일 뿐입니다. 몸에 대해서 죄책감을 가지는 분들이 많은데 그럴 필요 없습니다. 하나님이 주신 몸입니다.

어느 분은 그런 자기를 누가 좋아하겠냐며 죄책감으로 괴로워하다 내게 이메일을 보내기도 했습니다. 아무도 없을 때 샤워하십시오. 샤워를 끝내고 알몸으로 거울에 서 보세요. 자기가 얼마나 아름다운지 보고 자기 몸을 칭찬하십시오. 가슴을 보고 성기를 보고 칭찬하세요. 그리고 내 모습 그대로 나를 기뻐하고 자랑스러워하십시오.

성욕

=== 성욕을 해소하는 건전한 방법은 무엇인가요?
===

제일 좋은 방법은 결혼하는 것입니다. 그다음은 성적인 욕구가 일어나는 환경을 피하는 것입니다. 룸살롱, 포르노, 성적인 유혹을 느끼는 장소를 피하세요. 그것이 성욕을 피하는 방법입니다. 노출이 많은 세상이라 성욕이 생기기 쉬운 환경입니다. 이런 환경에서 자기를 지키는 방법은 쳐다보고 묵상하지 말고 피해야 합니다.

═ 성욕 없는 남편을 어떻게 해야 할까요? 평상시에 생식기를 만지면 싫어합니다.

═

대개 피곤해서 성욕이 사라지는 경우가 많습니다. "당신 피곤하구나" 하며 등, 다리를 마사지해 주십시오. 주변을 왔다갔다 하면서 살짝살짝 노출하세요. 그리고 성기를 살짝 스치면 사라진 성욕이 올라옵니다. 그리고 목욕탕에 같이 들어가 등도 밀어 주고 안마도 해 주며 섬기십시오. 게임을 하듯이 하면 회복될 것입니다.

═ 남자들은 본능적으로 성적인 욕구가 여자들보다 강력하다고 하는데 의지적으로 조절할 수 없는 정도인가요?

═

어느 상황에 가면 조절하기 힘듭니다. 그러나 보통은 의지적으로 조절할 수 있습니다. 조절이 안 된다면 여자들이 위험해서 다닐 수 없을 것입니다. 인격과 의지로 조절할 수 있지만 성욕이 꼭대기까지 올라갔을 때는 조절하기 힘듭니다. 거기까지 가지 않고 이길 수 있도록 해야 합니다. 최일도 목사님은 청량리 588이라고 불린 집장촌에 살면서 그곳에서 일하는 여자들을 전도했습니다. 포주들이 최 목사 때문에 사업이 안 된다고 현상금을 걸었습니다. 최 목사를 넘어뜨린 사람은 하와이 여행을 보내 주겠다고까지 했습니다. 그러나 그는 끝까지 안 넘어갔습니다. 이처럼 하나님의 사람은 조절 능력이 있습니다. 그래서 남자는 신앙과 인격이 중요합니다. 여자를 인격적으로 봐야지 성적 대상으로만 보면 동물이 됩니다.

═ 남자가 시각에 예민하다지만, 이것을 잘 이겨 내고 참을 수 있는 방법이 있을까요?
═

여러 번 이야기했지만 유혹의 현장에선 도망가는 게 상책입니다. 죄의 현장을 피하십시오.

데이트할 때

═ 데이트하면서 성적 유혹을 받을 때는 어떻게 해야 하나요?
═

스킨십이 문제인데, 스킨십은 성적 흥분을 일으키지 않는 범위에서 해야 합니다. 스킨십은 자연스럽고 좋은 현상입니다. 사랑하는 사람끼리 스킨십할 수 있습니다. 그러나 나는 가벼운 키스까지 권합니다. 더 깊은 프렌치 키스나 몸을 만지는 건 자제해야 합니다. 데이트하다 성적 유혹을 견디기 힘들다면 결혼하세요.

═ 하나님 보시기에 아름답고 건강한 가정을 꾸려 가는 것에 관심이 많습니다. 사춘기를 어떻게 보내야 아름다운 성 개념을 가지고 살 수 있는지 궁금합니다.
═

성은 하나님이 주신 놀라운 선물이요 축복입니다. 이 성을 잘못 사용하면 저주가 될 수 있습니다. 사춘기부터 성에 대한 바른 지식을 배우세요. 그리고 성적 유혹에 빠질 수 있는 야동을 본다든지 스킨십을 하지 않도록 절제하십시오. 청소년기는 공부하는 시기입니다. 봄에는 씨를 심고 여름에는 자라고 가을엔 추수하지 않습니까. 청소년기는 씨를 심을 때입니다. 준비하는 기간이지요. 이 시기에 성관계하고 아기를 낳는 건 봄에 씨 뿌리다 뽑아 버리고 열매 맺는 꼴입니다. 절제하면서 때를 기다리세요. 대학 가서 데이트하고 결혼 준비하면서 졸업 후 결혼하세요. 자기의 때를 잘 아는 것이 지혜입니다.

═ 남자와 여자의 육체적 관계가 어느 정도 진행되었을 때 순결을 잃었다고 생각하나요?

═

성욕을 느낄 정도로 스킨십을 하고 성적 유혹이 심해지면 순결의 경계선에 온 것입니다. 보통 성관계하는 걸 순결을 잃었다고 하는데 이미 정신적으로는 순결을 잃었을 수도 있습니다. 육체와 정신과 영이 연결되어 있으므로 육체가 그렇게 가지 않도록 하세요. 육체적으로 순결해야 합니다.

영적 정신적으로 순결을 잃었을 경우는 회개하면 됩니다. "너무 성을 우상시했습니다. 용서해 주세요. 하나님을 묵상하도록 해 주세요" 하고 기도하십시오. 순결 하면 대개 육체적인 것만 생각하는데 정신적인 음욕도 고려해야 합니다. 성을 너무나 탐닉해서 묵상하면 하나님 앞에서 볼 때 하나님보다 성을 더 사랑하므로 영적 간음을 한 것입니다. 그런 기준에서 보면 순결한 사람이 하나도 없습니다. 그러니 더욱 겸손하여서 하나님께 엎드릴 수밖에 없습니다. 끝까지 죄와 싸워야 합니다. 영과 혼과 육을 구별해서 이 모두가 순결할 수 있도록 해야 합니다.

═ 여학생들이 노출이 심한 옷을 입고 다니는 것에 대해 어떻게 생각하나요? 개성을 표현한 것이라는 주장도 있고 남자를 유혹하는 매개가 된다는 주장도 있습니다. 남자들이 시험에 들지 않도록 여학생들이 지켜 주어야 할 의무가 있을까요?

═

나는 있다고 생각합니다. 너무 야하게 입어서 남자의 눈을 뜨겁게 만들면 곤란하다고 생각합니다. 여자들은 왜 옷 입는 것까지 간섭하느냐고 항의하는데 이건 남자를 몰라서 하는 말입니다. 나는 청년 집회 때 이런 이야기를 합니다. "너희가 유혹하려고 해서가 아니라 예쁘게 보이고 싶어서 그렇게 입고 다니는 것을 안다. 그런데 남자는 그걸 보고 성적 유혹을 느낀다." 수련회에 가서 보면 여학생들이 앉고 일어설 때 조심성 없이 철퍼덕 주저앉고 그럽니다. 남자는 살짝살짝 보이는 여자의 속옷을 보고 성욕을 느끼는가 하면 그걸 즐깁니다. 물론 의도적으로 보여 주는 게 아니라 그냥 보이는 것이라는 사실을 알지만, 형제들을 배려해 주어야 할 필요는 있습니다.

═ 순결을 지키라고 말하면 친구들은 이렇게 말합니다. "내가 클럽에 가서 원나잇을 하는 것도 아니고 여자 친구를 너무 사랑해서 함께 자는 것인데 왜 안 된다는 거냐?" 어떻게 대해야 할까요?

═

세상적인 생각은 그게 맞습니다. 그게 정상적입니다. 그러나 성관계는 부부관계 안에서만 아름다운 축복입니다. 만일 불신자에게 조언하려면 이렇게 하십시오. "그 여자와 관계를 하는 건 그 여자에 대한 강도 행위다. 원치 않는데 사랑이란 이름으로 설득한다면 그 여자의 인격을 무시하는 거다. 그 여자를 성적 도구로 볼 때 그런 일이 생긴다. 건강하고 성숙한 사람은 여자의 인격을 존중해 준다." 만일 상대 여자 친구도 남자 친구와 같이 관계를 원한다면 그건 가치관이 그러하니 어쩔 수 없습니다. 예수 믿으라고 전도할 수밖에 없습니다.

═ 남자가 여자를 향한 사랑과 성욕은 별개인 건가요? 즉 사랑하는 마음으로 모든 걸 다 참을 수 있나요?

═

많은 사람이 I like you를 I love you로 표현하고 있습니다. 사랑하니까 성관계를 하는 거라고 말합니다. 그러나 사랑하면 그 사람의 성을 빼앗아 내 욕심을 채우는 게 아니라 그 사람을 보호해 주어야 합니다. I like you를 I love you로 오해하지 말아야 합니다. I like you는 자기중심적입니다. 자기가 좋아하는 걸 하고야 말지요. 고양이는 쥐를 좋아해서 잡아먹습니다. 그것을 사랑한다고 말하지 않습니다. "당신이 나를 사랑한다면 당신 중심으로 생각하지 말고 나의 인격과 신앙과 몸을 거룩하게 지켜 주세요"라고 말하십시오. "빼앗으려는 건 사랑하는 게 아니라 좋아하는 겁니다. 이게 사랑입니까?" 하고 말하십시오. 신앙과 인격이 좋은 사람은 거기서 멈춥니다. 그래도 그 사람이 강요한다면 헤어지십시오. 나를 침범하고 내 신앙과 인격을 무너뜨리는 사람이 아니라 나를 지켜 주는 사람이 필요합니다.

═ **결혼 전에 사귀던 다른 사람과 진한 페팅까지 갔는데 결혼할 사람에게 고백해야 하나요?**

═

고백할 필요 없습니다. 고백하면 상대의 기분이 좋지 않습니다. 만일 고백해야 한다면 남 욕한 것, 나쁜 짓 했던 것까지 고백해야 하지 않겠습니까? 하나님께 회개했다면 용서해 주셨으니 이미 깨끗해진 것입니다. 만일 양심의 가책이 들어 고백을 안 하고는 못 견디겠다면 결혼 전에 고백하십시오. 건강한 남자는 "나도 마음속으로 음욕을 많이 품었다. 나와 함께 가자" 합니다. 이렇게 말하면 결혼하고, 만일 화를 내고 속았다고 핍박하면 결혼하지 마십시오. 그게 올무가 되어 평생 괴롭힐 것입니다.

═ 성적으로 유혹하는 이성을 피하는 지혜로운 방법이 있나요?
═

성적인 자리에 가지 마십시오. 나는 성적으로 강한 유혹을 느낀다면 해수욕장도 가지 말라고 합니다. 유혹이 있다면 요셉처럼 피하는 게 좋습니다.

═ 결혼 전에 예비부부끼리 성에 대해 미리 대화해야 하나요?
═

해야지요. 세미나에 함께 참석해서 성 강의도 듣고 의견도 나누는 게 좋습니다. 결혼예비학교에 참석하는 것도 좋습니다.

═ 낙태는 죄입니다. 하지만 수많은 청소년들이 혼전 성관계로 잉태한 아이를 어떻게 해야 하는지 궁금해 합니다. 현실적으로 낳기 힘든 경우 뭐라고 말해 줘야 하나요?

═

나는 낳으라고 말합니다. 키울 수 없겠으면 입양 보낼 각오를 하고라도 낳으라고 합니다. 대학 2학년 때 아기를 가진 자매가 있었습니다. 부모는 낙태를 권했지만 자매는 낳았고 부모가 그 아기를 키웠습니다. 몇 년 후에 만났더니 부모가 그 아이 때문에 산다며 얼마나 예뻐하는지 모릅니다. 힘든 결정이었지만 잘한 일이었습니다. 낙태는 최악의 선택입니다.

속궁합

═ 흔히 결혼하기 전에 속궁합을 봐야 결혼 후 갈등이 없다고 합니다. 이에 대해 어떻게 생각하나요?

═

거짓말입니다. 속궁합은 다 맞게 되어 있습니다. 여자의 질은 아기가 나올 수 있을 만큼 엄청 커집니다. 속궁합이 안 맞는 게 아니라 성적인 지식이나 테크닉이 없는 것입니다. 상담하고 개발하면 능력을 기를 수 있습니다.

동성애

═ 동성애가 옳지 않다는 걸 알고 있지만 동성애자들의 잘못이라고 보기엔 어려운 것 같은데 이들을 어떻게 바라보아야 할까요?

═

동성애자는 병에 든 겁니다. 병에 걸려 하나님이 만드신 창조의 성을 누리지 못하고 잘못된 변태성욕에 놓여 있는 것입니다. 그를 핍박하지 말고 불쌍히 여기며 거기서 빠져나올 수 있도록 도와야 합니다. 실제로 동성애에 빠졌다가 회복되어 동성애자들을 돕는 분들도 있습니다. 그런 분들의 사례를 알려 주거나 상담을 받게 하면 좋습니다. 그들을 위해 기도하고 정죄하지 마십시오.

═ 동성 친구가 짓궂은 성적인 장난을 합니다. 어디까지 받아 주어야 하나요?

═

받아 주면 안 됩니다. 받아 주면 자기도 모르게 그걸 좋아하게 됩니다. 여자도 마찬가지입니다. 기분 좋아지기 시작하면 더 하고 싶어지고 그러다 빠져들게 됩니다. 동성애는 후천적인 것입니다.

결혼과 자녀교육

═ 결혼 전에 예비 배우자가 성병(또는 에이즈)에 걸렸는지, 혹은 불임인지 알기 위해 같이 건강검진 받는 것이 좋을까요?

═

좋습니다. 매독이 심한 미국에선 매독 검사를 결혼승인서에 첨부하도록 합니다. 만일 성병에 걸렸다면, 사생활이 문란할 수 있는 것인데, 과연 그것을 용서할 수 있는지 판단해서 결정해야 합니다. 상대방이 회개하여 다시는 그런 죄를 저지르지 않을 것인지 살펴보십시오. 만일 내가 용서할 수 있고 상대도 다시는 그런 죄를 저지르지 않을 거라는 확신이 있다면 결혼해도 좋습니다. 그러나 에이즈는 고칠 수 있는 병이 아니므로 결혼하기 어렵습니다.

=== 배우자와 성관계하는 모습을 자녀가 보게 되면 뭐라고 설명해야 하나요?

===

성에 대해 놀라게 하지 말고 물어보는 것에 대해 나이에 맞게 가르쳐 주십시오. 아주 어릴 때는 "엄마와 아빠가 레슬링했어"라는 식으로 둘러댈 수도 있습니다. 그러나 어느 정도 자랐다면 엄마 아빠가 서로 때리고 미워하는 게 아니라 사랑하는 거라고 이야기해야 합니다. 우연히 엄마 아빠의 성관계 장면을 보았다가 심각한 정신적 트라우마에 시달리는 친구도 있습니다. 아이들 눈엔 성관계가 폭행으로 보이기 때문입니다. 아빠가 엄마 위에 올라가 엄마를 학대한 것으로 보는 것입니다.

더 성장하면 남자의 성 여자의 성에 대해 설명해 주십시오. "엄마 아빠가 사랑하는 건 하나님이 주신 큰 축복이야. 너도 나중에 결혼하면 할 수 있단다." 사춘기가 되면 자기 몸을 보호해야 함을 알려 주고, 월경하는 날 또는 포경수술 하는 날 축하 파티를 해 주십시오. 여자는 엄마가 가르치고 남자는 아빠가 가르치면 좋습니다.

에필로그

성性,
말씀 안에서 건강히 배우십시오

아직 꺼내 놓지 못한 이야기가 많습니다. 이 책을 출간하면서 아직 한국 교회가 받아들이기 어렵다는 이유로, 너무 노골적이라는 이유로 더 진솔한 이야기들이 적절히 걸러지고 순화되었습니다. 성을 받아들이는 한국 교회의 인식이 여기까지인 것 같아 아쉬운 마음이 큽니다.

그러나 예수님은 "새 포도주는 새 부대에" 넣어야 한다고 말씀하셨습니다(막 2:22). 급변하는 현대에 여전히 과거의 감추고 숨기던 성 문화에 머물러 있으면 안 됩니다. 숨기면 숨길수록 곪고 상할 뿐입니다. 잘못된 성 인식이 있다면 고치고, 변화해야 할 부분이 있으면 옷을 고쳐 입어야 합니다. 난 성에 있어서는 그것이 하나님의 뜻이라고 생각합니다.

이 책을 쓰게 된 동기를 이야기하자면 1980년대 중반으로 거슬러 올라갑니다. 당시 미국에서 의사로 활동하면서 대학생들 대상으로 제자훈련을 했습니다. 모임 도중, 한 여학생이 질문을 했습니다.
"여자의 처녀막이 어디에 있나요? 저는 승마를 하는데, 운동을 심하게 하면 정말 처녀막이 찢어지나요?"
처음엔 당황스러워 무슨 말인지 몰랐습니다. 왜 그게 궁금하냐고 물으니 그 학생이 하는 말이, 친구들이 승마 같은 운동을 하면 처녀막이 찢어질 수 있으니 조심하라고 했다는 것입니다. 그래서 걱정이 되는 마음에 자신의 몸을 거울에 비춰 살펴도 처녀막이 어디 있는지도 모르겠고, 어떻게 생긴 것인지도 몰라 질문을 했다고 했습니다.

그 여학생의 질문에 친구들은 뭘 그런 걸 이렇게 공개된 자리에서 묻느냐고 핀잔을 주었습니다. 그러나 여학생은 전혀 부끄러워하지 않았습니다. 도리어 너희는 아느냐고 되물었습니다. 당연히 그곳에 모인 크리스천 청년들은 여학생의 질문에 답을 하지 못했습니다.

나는 '아, 이 학생들이 자기 몸에 대해서, 특히 성에 대해서 궁금한 것이 많구나' 하는 생각에 성기 모양을 그려 자세히 설명해 줬습니다. 그랬더니 다른 아이들도 이때가 기회다 하고 질문을 쏟아놓기 시작했습니다.

"저는 월경이 불규칙한데, 건강에는 이상이 없는 건가요?"

"성기 색이 이상해요. 혹시 병인가요?"

생각보다 많은 학생이 성에 대해 무지했습니다. 그래서 그때부터 성경적, 의학적으로 연구를 시작했고, 성 강의를 시작했습니다. 청년뿐 아니라 부부의 성, 자녀의 성, 청소년의 성, 노인의 성 등을 연구하고 강의했습니다.

성 강의는 어디를 가나 인기였습니다. 곳곳에서 강의를 해달라는 요청이 쇄도했습니다. 특히 코스타에서 했던 성 강의는 인기가 좋았습니다. 그렇게 정신없이 세계를 누비다 보니 어느새 성 강의 전문 강사가 되었습니다.

그런데 나는 강의를 다니면서 유독 한국 교회는 성에 대해 가르치지도 않고 무지하다는 사실에 놀랐습니다. 목회자들은 물론 신학생들조차도 성적 무지 때문에 성 범죄에 빠지는 것을 보면서 한국 교회에 성 인식 변화가 필요함을 절실하게 깨달았습니다.

나는 크리스천들이 성에 대해 추측하거나 어둠의 경로를 통해 왜곡해서 배우지 않고, 하나님의 말씀 안에서 건강하게 배우기를 바랍니다. 특히 한국 교회를 짊어지고 갈 신학생들에게 이 책이 교과서가 되기를 바랍니다. 더 나아가 신학교에 성 강의가 개설되기를 바랍니다. 그래서 성에 대해 제대로 교육 받은 신학생들이 성 충만한 세상에서 성령 충만의 옷을 입고 당당하게 싸워 이길 수 있는 우리의 영적 지도자들이 되기를 바랍니다.

사탄은 쉴 새 없이 우리의 틈을 노려 공격합니다. 그중 가장 강력한 무기가 성입니다. 특별히 목회자, 신학생 등 영적 지도자를 노립니다. 사회적으로는 인권 등의 이유를 들어 동성애가 보편화 되고 있습니다. 이런 때일수록 우리는 더욱 깨어 있어야 합니다. 사탄의 공격에 대적해야 합니다. 이미 영적 전쟁이 시작됐습니다. 예수님은 뱀처럼 지혜롭고 비둘기같이 순결하라고 말씀하셨습니다(마 10:16). 우리는 성적 공격에 대비하여 전신갑주로 무장해야 합니다.

나는 더 깊고 성숙한 이야기가 한국 교회에서 다뤄지기를 바랍니다. 그래야 우리가 건강한 성을 바로 알 수 있습니다. 그러기 위해 이 책이 마중물이 되기 원합니다. 시작이 반이라는 말처럼, 이 책이 그 길을 위한 첫걸음이 되기를 원합니다. 그래서 앞으로 우리 교회가 하나님이 축복으로 주신 성, 아름다운 성을 건강하게 누리기를 기도합니다.

참고도서

《성경이 말하는 남과 여 한 몸의 비밀》, 현용수, 쉐마

《여자의 성》, 아치볼드 D. 하트, 홍성사

《남자의 성》, 아치볼드 D. 하트, 홍성사

《부부의 성》, 조셉 딜로우, 홍성사

《여성도 모르는 여성의 몸》, 박금자, 민미디어

《즐거움을 위한 성》, 휘트 부부, IVP

《고립된 성》, 송인규, IVP

《돈 섹스 권력》, 리처드 포스터, 두란노

《세계관 전쟁》, 이태희, 두란노

《크리스천의 성》, 루이스 스메디스, 두란노

《우리, 결혼했어요!》, 박수웅, 두란노

《우리… 사랑할까요!》, 박수웅, 두란노

《청소년을 바라보는 지혜를 입어라》, 곽상학, 두란노

《그 남자의 욕구 그 여자의 결말》, 윌라드 할리, 두란노